नारायणम्

श्रीमती कुमारी रूपा

ISBN 979-8-89322-679-9

ॐ गुरुवे नम

ब्रह्मानदं परम सुखदम् केवलम् ज्ञान मूर्ति

द्वंदवातीतं गगन सदृशं तत्वमस्यादि लक्ष्यम्

एकं नित्यम् विमल अचलं सर्वाधिसाक्षी भूतम्

भावातीतं त्रिगुण रहितं सद् गुरु त्वं नमामि।

विषय सूची

ओम नारायणम्

हे राम रमा जानकी रमनम्, हे रोग शोक शंताप हरणम्

हे राधे श्याम घनश्याम हरी, हे मोक्ष दाता रुक्मिणी पति

हे लक्ष्मण के जीवन उपास्य, कहलाते प्रिय भ्राता बलराम

हे जगत के करुणाकर स्वामी, हरो पीर जग आवागमनम् ॥1॥

हे सातों समुद्र के अवधपति, तेरे रोम रोम ब्रह्मांड बसे

जो यह महिमा जान सके, वही यह गरिमा भी मान सके

समझ से परे रूप लीला, वर्णन करना है बड़ी लघुता

तेरे सुख संपदा का वर्णन, नहीं कर पाते वेद सहसानन ॥2॥

हे कृष्ण केशव कमलापति, हे देवकी वसुदेव के दुख हारी

तूने रच कर महाभारत, पापियों से धरा को किया पावन

सब गोपियों के तुम प्राणनाथ, कंस को दीखे काल समान

कभी राम कभी कृष्ण बन कर, रचते रहते माया के प्रपंच ॥3॥

चाँद जब अमृत वरसाता, सूरज जब सीमा तक तपता

खग मृग सब वैर भुला जाते, बाघ सिंह सब मिल साथ रहते

जहां राक्षस का कुछ भय न हो, पूतना धुनकासूर मारे जाते

हे हरी वही तेरा है रामराज पाहिमाम् हरी राघव संत समाज ॥4॥

तेरे अनेकों अवतार प्रभो, पापी गुणी सभी तेरा अंश विभो

हे प्रभु यह विभेद हरिए, हे क्षमा रूप पापी को क्षमा करिए

कमल पत्ते के नीचे जैसे, जल का कुछ पता नहीं चलता

वैसे ही जगत के सब प्राणी तेरी माया में रहता भरमाता ॥5॥

हे दसशीश भुजा खंडन कारक, हे कमल नेत्र तू है श्यामल

भव भय हरणं विशाल बाहु, स्वीकारो प्रणाम हे रघुनन्दन

हे गोपी हृदय के भ्रमर मदन, जिन्हें वेद कहे सदा निरंजन

हे अनादि, अजन्मा, अपरिमित बल, अब्यक्त अगोचर गोविंदम् ॥6॥

निष्काम जनों के प्रिय प्रेमी, प्राणमामि हे राघव माधव

शिव, हृदय में जपते राम नाम सदा आनंद मगन हो कर

जिनका अगम सुगम निर्मल सुभाव, वही कृष्ण योग वैरागी भाव

वसुधा आधार, इंद्रियातीत, हर्ष शोक द्वंद नाशक हे राघव ॥7॥

कबंध जटायु बालि ने पाया मोक्ष, अहिल्या शबरी गई वैकुंठ लोक

जटा मुकुट शीश वन का राजा, घूम घूम दानव संहार किया

कर कंद मूल भोजन, अवनी शयन, सब ऋषियों को दे दिया दर्शन

रावण को मोक्ष विभीषण को राज, रीछ कपि का किया उद्धार ॥8॥

वसुदेव देवकी कंस से मुक्त हुए, शिशुपाल दुर्योधन कौरव नष्ट हुए

हे मनुज तन धारी माया पति, जग विचरण करते हो पूर्णकाम

हे राम राम हे सीता राम, तुम ही घनश्याम, तुम्हीं राधे श्याम

नमामि नमामि हे जगतपति, स्वीकार करो मेरा शत शत प्रणाम

हे राम राम हे राम राम तेरे ही कृष्ण माधव घनश्याम नाम ॥9॥

ॐ नारायणम्

प्रक्कथन

इन सारी कविताओं की रचना मैंने आज के बच्चे जो धर्म संस्कार से अनभिज्ञ होते जा रहे हैं उन्हें ही कुछ नीति पुराण की बातें बताने के उद्येश्य से किया है। हलांकि अभी तो लग रहा है कि हमारा समाज ही राम मय हो रहा है अभी मीडिया tv का युग है, और सर्वत्र श्री राम गुणगाण से वातावरण डूबा है --राम मंदिर के उद्घाटन के साथ, इन सामाजिक माहौल में तो ऐसी बाते बड़ा प्रभावी होनी चाहिए। इस मीडिया tv के युग में भी जो बातें tv और मीडिया के द्वारा बता पाना दुष्कर है, उसे लेखनी बखूबी प्रस्तुत कर सकती है। इसी सोच के कारण मैंने इसे शिक्षणोपयोगी बनाने का पुर्ण प्रयास किया है। इस संकलन की हर एक रचना अपने आप में अद्वितीय है। यहाँ रामायण और भागवत पुराण की घटनाओं को प्रस्तुत करते हुए भी अपनी एक अलग पहिचान बनाने का प्रयास किया गया है। इसका सारा ही भाव पक्ष बहुत मजबूत है, साथ ही इसे प्रस्तुत करने की कला विलक्षण है। सीधे सरल भाषा में लिखा गया यह संकलन सीधे हृदय तक पहुँच पाने में पुर्ण सक्षम है। यह पाठकों के मन को बांधता है, पाठकों को अपनी ओर आकर्षित कर पाता है। राम जन्म कारण से लेकर सीता राम के विवाह तक की घटनाओं को कई छोटे छोटे भागों में विभक्त कर कविता के रूप में लिखा गया है, जो परंपरागत आध्यात्मिकता के साथ ही साथ बिल्कुल नई और ब्यवहारिक रचना के रूप में उपलब्ध है। इसका परंपरागत रीति रिवाज से लेकर वर्तमान भाव विधान भी काफी सशक्त दिखता है। भाषा बिल्कुल आलंकारिक नहीं साधारण और भाव कोमल कान्त परिवेश से लबालब -- यह एक अनूठी प्रस्तुति मानी जानी चाहिए। भागवत पुराण की प्रत्येक कहानियाँ ज्ञानवर्धक शिक्षणोपयोगी है। मेरी खुद की रचनाएं भी यहाँ इसी रूप में दिखती हैं -- अमल और विमल, पंडित और केवट या पारसमणि इत्यादि। हलांकि

इसकी रचना करने की शुरुवात तो मैंने २०१८—१९ के दशक में ही किया था परंतु इसी दरम्यान मैँ अंगिका राम चरित मानस को लिखने में लगातार तीन वर्षों तक ब्यस्त हो गई और यह कार्य अधूरा रह गया था। अब रामायण के रिलीज हो जाने के उपरांत मैँ इसे भी पाठकों के समक्ष लाने को तत्पर हुँ। इसकी कुछ कविता रामायण के बालकांड से ही उद्दत, खड़ी बोली में पद – वद्य है, जिसे सारे ही भाषा भाषी आसानी से ग्रहण कर सकेंगे। कुछ बातें बच्चे मीडिया के द्वारा देख कर पूरी तरह नहीं समझ सकते हैं, या किसी विषय की पुनरावृत्ती होने से जटिल विषय भी समझ में आ जाता है इसके लिए पाठन उपयुक्त माध्यम समझे जाते हैं।

एक बात और है, इस कविता लिखने का उद्येश्य सिर्फ रामायण की कथा को बताना नहीं है, बल्कि रामायण को हर हृदय में प्रतिस्थापित करना है। इंसान के हृदय में राम रावण देव असुर पुण्य पाप धर्म अधर्म सभी का वास होता है, सवाल है हम पहचान पाते है कि नहीं। और यदि मानव अपनी प्रत्येक भाव पर पुराण की कथा कहानी को देखने का प्रयास करे तो फिर कुछ उचित अनुचित नहीं बचेगा, जीवन पुर्ण रुपेन कर्म पथ पर बढ़ जाएगा। प्रभु के मानव अवतार के द्वारा यही बताने का प्रयास भी किया गया है। सिर्फ चल नहीं सारे अचल प्राकृतिक घटना भाव सभी पुण्य पाप इत्यादि को भी हम अपने आंतरिक भावना के साथ जीना सीख लें तो जीवन की प्रत्येक शैली बेमिशाल हो जाय। सच यही है राम रावण सभी का अपना एक खास अस्तित्व है जीवन में। इन सारे सोच की जिसकी प्रस्तुति किसी कथा कहानी चेनल में मूर्त या दृश्य रूप में मुश्किल ही नहीं दुष्कर है, परंतु भाषा के द्वारा बच्चे इसे आसानी से ग्रहण कर पायेंगे। इस संस्करण में मैंने कुछ भागवत पुराण की भी छोटी छोटी, जैसे -- ब्रह्मा जी का मोह भंग, राजा नृग की कथा, सृष्टि की उत्पत्ति आदि कथाओं को पदवद्य किया है जिनकी जानकारी बालकों के लिए उपयोगी होंगी। इसके अतिरिक्त दो चार खुद की बालकोपयोगी सोच और स्वरचित भजन भी डाला है, जो सब कुछ अलग सोच के हैं।मेरी सोच में राम कृष्ण या अन्य रूप देवता सभी एक हैं।अतः मैंने रामकृष्ण को एक विष्णु रूप करके ही सारी रचनाएं की है और राम कृष्ण की अलग अलग रचना करते हुवे भी पुस्तक का नाम ''नारायणम्'' रक्खा है। मुझे उम्मीद है यह पाठ्य क्रम में बच्चों के काफी उपयोगी सिद्ध होगा और जन साधारण लोग भी इसे पढ़कर काफी लाभन्वित होंगे।

लेखिका परिचय

नाम — श्रीमती कुमारी रूपा

जन्म — 1954, बांका जिला

माता — स्वर्गीय श्रीमती अन्नपूर्णा देवी

पिता — स्वर्गीय श्री विजय कृष्ण घोष

पति — स्वर्गीय श्री विनय कुमार दास, ग्राम ओड़य जानकीपुर, पवई, अमरपुर, बांका, बिहार।

परिवार — प्रथम श्रीमती कुमारी रूपा, दो पुत्र राहुल विनीत, पत्नी पोम्पा कुमारी, छह वर्ष की एक पुत्री, नाम – परंम्परा राहुल विनीत।

दूसरा पुत्र रोहन विधान, पत्नी मुदिता मौद्गल्य। चार वर्ष का एक पुत्र नाम —प्रगल्भ रोहन विधान।

शैक्षणिक योग्यता — दो बार स्नातकोत्तर की उपाधि, और अधूरी पड़ी थीसिस।

अनुभव — प्रथम बहाली एक सरकारी कालेज में पी जी और आनर्स कोर्स के लिए हिन्दी टीचर के रूप में। परंतु अफसोस कुछ समय पश्चात बच्चों के भविष्य के लिए पद का त्याग कर उनके भविष्य का चयन किया। फिर कुछ लंबे समय तक एक नर्सरी स्कूल चलाया, जहां उन्हें बहुत प्रतिष्ठा भी मिली। पर उसे भी छोड़ना पड़ा और पति के निधन के बाद बड़े पुत्र के साथ बंबई शिफ्ट करना पड़ा। वहीं फिर अपनी सोई हुई रुचि जाग्रत हो गई और लगभग दो सौ से ज्यादा कविताएं, दर्जनों

कहानियाँ उपन्यास की रचना किया पर अभी तक यह सब प्रकाशित नहीं हो पाया है। इसी बीच अंगिका रामचरित मानस के तरफ झुकाव हो गया। यह अंगिका राम चरित मानस काफी सफल रचना मानी जा रही है। सारे ही विद्वान इसे एक महाकाव्य के रूप में स्वीकार रहे हैं। यह अभी मार्केट में भारत के साथ ही साथ अन्य देशों के बाजारों में भी उपलब्ध हो चुका है। अब अपनी दूसरी रचना भी लोगों के समक्ष प्रस्तुत करने को मन तत्पर है।

वर्ग क - रामायण से प्रेरित

1

रावण अंगद संवाद

यह रामायण के लंका कांड से उद्धृत है। हरेएक इंसान के अंदर राम और रावण दोनों होते हैं।पर मन जब रावण स्वरूप पाप और अहंकार में उलझ जाता है, तथा सही ग़लत की पहचान करना भूल जाता है, तब सदा अंगद रूपी भाव उसे उसके पापों का एहसास कराता है, लेकिन पाप ग्रस्त मन आसानी से सच को समझते हुए भी अहंकार वश स्वीकार नहीं कर पाता है। तब सात्त्विक मन उसे उसके कर्मों के हवाले कर छोड़ देता है।

राम को स्मरण कर अंगद रावण की सभा में ऐसे बैठा
जैसे हाथियों की सभा में कोई अकेला सिंह हो दिखता
रावण बोला -- कौन है तू रे बंदर, कह कहां से आया है
कालकवलित करने तुझको कहो, किसने यहां पठाया है।

तब अंगद बोला, सुन दशकंधर मै हुं एक छोटा बंदर
राम काज करने को तेरी इस लंका नगरी में हुं आया।
तुम ज्ञानी हो तुम पंडित हो पर अधर्म के बने दास हो
तेरी भलाई होगी अब जिस विधि मैं हुँ वही संदेश लाया।

हे रावण, तुम उत्तम कुल के, ऋषि पुलस्त्य के पौत्र हो,
अपने मद के अंधे बन तुम करते क्यों यूं रोष हो
तुम कहलाते वीर श्रेष्ठ हो साधक पंडित भी विशेष हो
रोज- रोज बैर बढ़ाकर जगत में, बढ़ाते क्यों क्लेश हो।

स्त्रियों के गर्भ गिर गये फिर भी बात समझ न आई
तेरी लंका धू-धू जल गई पर बानर की पूंछ न जली
तूने थामा पाप का दामन जगत-जननी किया अपहरण
सीता को लौटा चल राम शरण वरना निश्चित तेरा मरण।

वहां बैठा सब का मन डोला जब रावण क्रोध से बोला -
किस गांव से आया है तू बंदर क्या है तेरे पिता का नाम
मेरा भोजन अब बनना तुझको -- बता तेरा क्या है काम।
मैं हुँ बालि का बेटा, है बालिसुत अंगद मेरा नाम
राम काज करने को आया हुँ छोड़ छाड़ विश्राम

बालि का नाम सुनते ही रावण, कुछ सकुचा गया
बालि की कांख में दबे रहने का उसे स्मरण हो आया।
बोला, बालि एक बंदर था वह कभी मेरा मित्र होता था
तू बालि का बेटा है तो, आज कुछ उसका कुशल बता।

अंगद तब हंसकर बोला तुम अब मेरी युक्ति सुनो
सीता को लौटाओ वरना, दस दिनों में बालि से मिलो।
राम से विरोध करने की कैसी कुशलता होती है
यह तुम्हें बालि ही बताएंगे मेरे मुंह नहीं जांचती है।

तेरे बीस नेत्र हैं, बीस कर्ण हैं फिर भी क्यों अंधे बहरे हो
देवताओं को जीत-जीत तुम नारायण पर विजय चाहते हो।
रावण बोला, अपने वंश के नाशक, अग्नि बन पैदा हुआ क्यों
तपस्वी के दूत कहलाने के पहले तू गर्भ में ही न मरा क्यो ?

अंगद बोला, हे रावण, मैं कुल घालक क्या तुम कुल के पालक हो
जो यूं राम से वैर बढ़ाकर बने वंशके नाशक हो
शिव, ब्रह्मा करते बंदन ऋषि मुनि करते जिनका अभिनंदन
ऐसी बुद्धि तेरी है क्योंकर तू तो जीव ही है बड़ा विलक्षण।

तेरा अभिमानी हृदय नहीं फटता तू अपनी डींगे क्यों भरता
रामदूत को कलंक कह कह कर तेरा मुख क्यों नहीं थकता।
तेरी धर्म नीति कैसी रे रावण पर-, स्त्री का किया हरण
नाक-कान हीन तेरी बहन बोलो नीति-धर्म का कैसा मरम।
इस पर रावण बोला --
विराजते हैं शिवजी कैलाश में मेरी इन्हीं भुजाओं के ऊपर
मुझे बखानते रहते हैं सृष्टि में, सदा मेरा लोहा मानकर।
मेरी ये भुजाएं बनी हैं सारे लोकपालों को जीत- जीतकर
तुझे कुछ समझ क्यों नहीं आता अरे ओ जड़-जन्तु बानर।

ओ मूर्ख अंगद बोल जरा, राम का भेद तू खोल जरा
राम की सेना में कौन है ऐसा जिसे न पाऊं मैं हरा।
तेरे प्रभु तो नारी विरह में हो चुके दुखी और मलीन हैं
वे मुझसे से युद्ध कैसे करेंगे उनकी शक्ति हुई क्षीण है।

रावण ने फिर उपेक्षा भरे शब्दों से कहा सुनो रे अंगद
उस सेना में कौन है बता जो राम को सकता है जिता।
बृद्ध जामवंत, कायर विभीषण, नल नील शिल्पकार है
एक ही वीर है वहाँ ऐसा घिसने लंका किया था क्षार है।

इसपर अंगद हंसा जोर से फिर उसने कहा क्रोध से
सच कहते हो तुम, सच सच कहो हे, राक्षस राज कहो।
क्या तेरी सोने की लंका का एक वानर ने किया दहन
कौन इसे सच मानेगा, -- बोलो हे लंकापति रावण।

तेरे बल पौरुष को एक बंदर क्या झेल पायेगा
तेरी क्षुधा के सामने भला कैसे वह टिक पायेगा।
अरे रावण -- तूने जिस बंदर की, की है प्रशंसा
वह कोई वीर नहीं सुग्रीव की थी छोटी सी मंशा।

वह तेरी खबर लेने आया था हे मंदबुद्धे, सच कहो
क्या उसी ने तेरी इस सोने की लंका को जलाया।
इस सेना में एक - एक बंदर, भालू रीछ है ऐसा
जो न तुझे बीच समर पछाड़ खेला पाए केसरी जैसा।

तेरे दिन पूरे हुए अब तू पीता रह मदिरा, बढ़ाता रह नशा
मन को बहला ले तब तक गगन में उड़ ले टिट्टिभ जैसा।
बराबरी में होती है प्रीति -- बैर तुम कहां मेंढक, राम कहाँ शेर
तुझे मारने से तो राम की ही है लघुता
पर क्षत्रिय क्रोध से ही पाते हैं प्रभुता।

ऐसा कह कर अंगद ने रावण के मन को हिला दिया
प्रत्युत्तर के तीखे बाणों से उसके तन मन को जला दिया।
फिर रावण हंसते हुए बोला -- कपि को जैसे मारा हो ढेला
जग विदित है बंदर अपने स्वामी के होते हैं बड़े भक्त
कुछ भी हो पर वे उनके ही होते हैं अनुरक्त।

अंगद बोला_तेरी सच्ची गुणग्राहकता मुझे पहले से है ज्ञात
अशोक वाटिका नष्ट कर हनुमत ने दिखा दी थी औकात।
रे रावण, तुझे अपने घमंड के आगे क्यों नहीं कुछ दिखता
तहस-नहस कर वाटिका, हनुमत ने जो मारा अक्षय सा बेटा।

हनूमान ने जो कुछ कहा था आज मैंने सब सच देखा
तुझे नहीं गम किसी का, तू तो खुद को ही देता धोखा।
रावण बोला, हे अंगद सुन, तेरी इसी आदत ने तुझे पाला
तुमने राम के संग मिल कर अपने ही पिता को घाला।

ऐसा कह रावण ने हंस कर अंगद की किया उपेक्षा
ताकि उसकी अपनी ही पूरी हो सके अधूरी तितिक्षा।
अंगद बोला सच रे रावण सुन अब मैं सच ही कहुंगा
पहले मैंने पिता को खाया अब तुझको भी खाऊंगा।

अब बीच समर में तेरे सिर को इसी भुजा से तोड़ुंगा
निर्ममता, बर्बरता से फिर तेरी सारी भुजा उखाड़ुंगा।
बोल रे मूर्ख रावण बोल तेरे घमंड का तब क्या होगा
जब तेरा रक्त गृद्ध काग को मैं इन्हीं हाथों पिलाऊंगा।

पुनः अंगद ने छेड़ी राग लगा दी उसके तन-मन में आग,
पहले तू निर्लज्ज यह बोलो दुनियां में कितने हैं रावण।
मैंने जितने रावण जाने हैं टूट चुके थे सबके मतिभ्रम
जिनको तू जनता पहचानता है कर आज उनका स्मरण।

एक रावण को सहस्त्रबाहु ने विचित्र जीव समझा था
बलि को जीतने एक रावण जब पताल लोक आया था,
बच्चों ने उसे खेल- खेल में घुड़साल में बांध रखा था
एक रावण बालि की कांख में छह माह दबा हुआ था।

कह रावण तू इन सब में से कौन सा महाबली था
वहाँ भी तेरा यही हाल था या कोई बड़ा छली था।
बोल रे रावण कुछ तो बोल तेरी सारी खुल गई पोल
या लज्जा से हो गया मौन बोल रे रावण तू है कौन ?

तब रावण झल्लाकर बोला --
मैं रावण हुं बड़ा बलवान, चाहते जिससे देवता त्राण
कैलाश पर शिव करते बखान यक्ष, गंधर्व रहते सावधान।
ब्रह्मा, विष्णु विस्मृत थे जब मैंने अपना मस्तक काटा था
इन्हीं भुजाओं से उन मस्तकों की आहुति भी दे डाला था।

अग्नि में जब मस्तक फूटे थे वहाँ ब्रह्मा का लेख लिखा था
लेख में खुद को मनुष्य हाथों मरता देख मैं जोर से हंसा था।
इस लिखे लेख से मुझको तनिक भी कभी डर नहीं लगा था
जानता हूं ब्रह्मा ने ऐसा मतिभ्रम के कारण ही लिखा था।

दिशाएं करती मेरा यशोगान मेरी भुजाएं हैं मेरा अभिमान
मैंने बनाई है अपनी पहचान जानते मुझे दिक्पाल महान।
हमने दिक्पालों से युद्ध किया उसने मेरी छाती पर वार किया
मेरी छाती ऐसी कठोर कि उसकी दाढ़ें टूट गईं ठौर – ठौर।

मेरी चाल से ऐसे डोली धरिणी, हाथियों से भरी हो कोई तरिणी
आंधि आने लगती है तब, जब क्रोध से फड़कती है मेरी नथुनी।

मैं रावण हूं जगत प्रसिद्ध, ऋषि, मुनियों में हुँ वाक् सिद्ध
मैँ दिग्विजयी रावण हुँ, मैँ पूजा -- यज्ञ का दुश्मन हुँ।
मैं पंडित हूं, मैं ज्ञानी हूं, मैं देवताओं के लिए दावानल हूं
अपनी गदा हाथ ले घूम- घूम मैँ सृष्टि में प्रलय मचाता हूं।

रे अभिमानी, कुछ बोल संभल कर अंगद बोला तब चिल्लाकर
तुझे अब समझाऊं क्योंकर तेरा अभिमान तो बड़ा भयंकर।
जिस राम को तू मनुज कहता वही सारी सृष्टि को नचाता है,
जिसे तू बंदर समझ रहा वही अब तेरा भाग्य विधाता है।

जिस फरसे की जोर से धरा कितनी बार क्षत्रिय विहीन बनी थी
जिस फरसे ने सहस्रबाहू की भुजाएं अग्नि कुंड सा जला दिया था
जिस फरसे के भय कारण तीनों लोक भृगुपति से कांपा करते थे
वही फरसा राम के सम्मुख बोलो निष्क्रिय क्यों हो गया था।

सोच ले रावण, सोच, सोच रे मुर्ख अभागा जरा सोच
ऐसे श्रीराम मनुज हैं क्या धिक्कार तुझे है सोच, सोच।
तू कब समझेगा जरा सोच धिक्-धिक् है जीवन तेरा
अब भी भज ले श्री राम अन्यथा निश्चित मरन तेरा।

बोल क्या गंगा नदी कोई या शेष जी क्या हैं सर्प
गरुड़ को भला पक्षी कहोगे या अमृत को कहोगे रस।
कामदेव क्या हैं धनुर्धारी या अमरावती को कोई नगर
कामधेनु पशु है क्या रे अभागा क्यों न आती समझ।

बैकुंठ क्या है लोक कोई, या अन्न क्या है दान
चतुराई तू छोड़ अब रावण मत बघारो अपना ज्ञान।
रे अभागे जान ले तू सृष्टि में है कुछ लाभ नहीं
एक राम की भक्ति जैसा जगत में कोई काज नहीं।

अरे ओ मूर्ख, तू सोच जरा, तेरी सेना को पछाड़ कर
अतुल्य अनुपम अशोक वाटिका को तहस नहस कर।
अक्षय को मार लंका को जला नगर भर में हूह देकर
जो कुशलता पूर्वक लौट गया क्या था वह कोई बानर ?

ओ रावण, तू चतुराई छोड़ घमंड त्याग, कर राम का वरण
अन्यथा ब्रह्मा, रुद्र भी नहीं देंगे तुझको सृष्टि में शरण
राम के क्रुद्ध बाण लगते ही बिखरेंगी तेरे सिरों की पंक्ति
लालची किसी धनिकों की माला के बिखरे हों जैसे मोती।

रीछ, बानर तेरे इन मस्तकों से कन्दक जैसा खेलेंगे
रघुनाथ जी जब क्रुद्ध हो –हो कर तीव्र बाण छोड़ेंगे।
तुझे इस दल-दल से रे अभागा रावण कोई नहीं उबारेगा
तू पल- पल इन्हीं पंकों में धंसता ही चला जाएगा।

अकुला कर फिर बोला रावण, --
कुंभकरण सा मेरा भाई बलवान इंद्रजीत सा पुत्र महान
ओ अंगद, जा तू राम को भज मत दिखाओ अपना ज्ञान।
दिक्पालो से मैंने पानी भरवाया शूर वीरों की बलि चढ़ाया
इन्हीं भुजाओं के समुद्र में मैंने तीनों लोकों को भी डुबोया।

तुम मुझको औरों की गाथा क्यो सुना रहे हो बंदर
मैनें अपनी वीरता सुना दी सारी अपनी मर्यादा छोड़कर।
अंगद बोला, सच ही सच है रावण कौन दूजा तेरे समान
अपनी निर्ल्लजता का जिसने स्वयं किया हो बखान।

और कोई दूसरे नहीं करेंगे तेरे इन गुणों का गुणगान
अपने मुंह अपनी करनी कह कह तू बनता रह महान।
इंद्रजाल के रच लेने से कोई बलवान नहीं बन जाते
और अपने सिर स्वयं काटने से न कोई वीर कहलाते।

पतंगे मोहवश अग्नि में जलकर भी कभी वीर नहीं होते
गदहों के झुंड बोझा ढोकर भी न कभी बलवान कहलाते।
हे रावण, मैं दूत राम का तुझसे संधि करने आया हूं
सियार मारकर सिंह यश नहीं पाता यही बताने आया हूं।

तू कितना बलवान है यह सबने जान लिया है
एक पराई स्त्री के लिए जो तूने, ऐसा खेल रचा है।
तू छोटी-सी लक्ष्मण-रेखा भी पार न कर पाया है
फिर तेरे बल पौरुष को बता कहां सबने देखा है।

तू कहलाता है दानवों का राजा, मैं दूत राम का हूं,
तुझे न कोई मान-सम्मान पर मुझको है सब ज्ञान।
नहीं तुझे अभी यहीं पटक सब कुछ तहस-नहस कर
तेरा सारा अभिमान नष्ट कर इस लंका को उलटकर
ले जाता सीता सहित तेरी सारी स्त्रियों को भी उठाकर।

जानता हूं रे हल्बुद्धे वाममार्गी, कामी और अतिमूर्ख
क्रुद्ध और नित्य रोगी, अतिदरिद्र, वदनाम और कंजूस,।
पर-निंदक वेद-संतों के विरोधी, भगवान् विष्णु से विमुख,
पापी धर्म विरुद्ध चलने वाला पराई स्त्री के लोलुप,।

ऐसे प्राणी मुर्दा समान इन पर मृत्यु भी नहीं होती दयावान
तब रावण होठों को चबाकर चिल्लाया फिर अपमानित होकर।
ओ दुष्ट, तेज बल प्रताप से हीन तूने जिसकी की है प्रशंसा
वह मुझ बलशाली को जीतने की कैसे पूरि कर पाएगा मंशा।

वह क्षोभ, डर, अपमान, पत्नि- विरह से हो चुका है हीन,
मेरे राक्षसों ने किया कितनी बार धरा को मनुष्य-विहीन।
मेरे राक्षस सदा दौड़- दौड़ ऐसे ही मनुज खाया करते हैं
और तेरे जैसे बानर उन वनवासी के गुण गाया करते हैं।

उसके पिता ने उसे समझ लिया असम्मानित, गुणहीन
तभी तो जंगल भेज दिया उससे राज मुकुट को छीन।
सुनते ही अंगद ऐसे गुर्राया वहां बैठे सब का मन थर्राया,
राम, शिव की निंदा सुनने वाले गो-वध के भागी होते हैं।

ऐसा कह कर अंगद ने जोर से किटकिटाए अपने दांत
और धरती पर पटक दिया जोर से उसने अपना हाथ।
झटके से पृथ्वी हिलने लगी सारे सभासद गिरने लगे
मुकुट आ गिरा धरती पर रावण ज्यों संभलने लगे।

अंगद ने तुरत पकड़ा मुकुट को बढ़ाकर अपना हाथ
और फेंक दिया मुकुट को जोर से राम चंद्र के पास।
मुकुट को सीधे आता देख भागे सभी बानर घबराकर
रावण ने कुछ क्रोध किया या आसमान से तारा टूटा।

रीछ भालू भागे हड़बड़ कर जैसे उनका सम्बल छूटा
"अंगद ने किया कौतुक रावण का है यह मुकुट"
ऐसा कहकर प्रभु श्री राम ने किया सब को शान्त
उछल पकड़ लिया तब मुकुट को पवन पुत्र हनुमान।

"इस बंदर को पकड़ो" रावण फिर जोर से चिल्लाया
अपने डरते हुए मन को उसने बस यूं ही समझाया।
तुम सब घूम घूम इस पृथ्वी को बंदर मुक्त करो
जहां भी मिले मनुज बंदर तुरत उनका भक्षण करो।

ऐसा सुनते ही अंगद फिर मन-ही-मन में मुस्काया
उसने जाना लिया, श्री राम ने रावण को है भरमाया।
हनूमान को बांधने का लगता है नहीं रहा कुछ याद
बंदर को पुनः बांधने का इसे अभी चखाता हूं स्वाद।
अंगद ने धिक्कारा --
मेरा बल-पौरुष देख कर भी अभागे न फटी छाती तेरी
जा तू आत्म हत्या कर ले ओ निर्लज्ज आत्मघाती।
अरे ओ, स्त्रीचोर, मंद बुद्धे, पापराशी सन्निपात से ग्रस्त,
कालकवलित है रे रावण तू अपने पापों से ही त्रस्त।

इसके बदले रण में तू बानर, भालुओं का थप्पड़ खाएगा
सिर सहित गिर कर तेरी जिह्वा इसका मोल चुकाएगा।
रावण हंसकर बोला, तेरे पिता ने कभी न बजाए ऐसे गाल
तपस्वियों के संग मिलकर रे अंगद हो गया है तू लबार।

हे अंगद, जरा सच-सच कह इतना झूट कहां से सीखा
मेरा सच जान कर भी तू मुझको ही दे रहा है धोखा।
ऐसा सुन अंगद हँसते हुए बोला --
सच-ही-सच मैं हूं लबार अब तू देख मेरा ब्यवहार।

ऐसा कह अंगद ने भरी सभा में गाड़ दिए अपने पैर
कहा, यदि कोई उठा सको तो त्याग दुंगा सारा वैर।
तुममें से कोई भी यदि मेरे इस चरण को सको हटा
मैं सच कहता हूं, सीता को हार रामचंद्र को लूं लौटा।

एक-एक कर सारे निशिचर झपटे अंगद के पैरों पर
पर कोई भी हिला न सका उसके पैरों को धरती पर।
इंद्रजीत आदिक जितने थे वीर बड़े बड़े महान
मेघनाद जैसै कितने ही जो सब योद्धा थे बलवान।

बारी-बारी फिर एक साथ भी सबने पकड़े, अंगद के पांव
पर वह तिल भर न हिल पाया जैसे सतियों के हो भाव
सब निष्फल होता देखकर रावण लपका उसके पग पर
यह देख अंगद बोला हंसकर तू पकड़ राम चरण जाकर।

मेरा चरण पकड़ कर रावण क्या तू वीर कहायेगा

तेरा उद्धार राम करेंगे अधम बंदर से क्या पायेगा।

रावण सिर नीचा करके अपने सिंहासन पर आ बैठा

सारी हेकड़ी ढीली हो गयी जो अब तक में था ऐंठा।

रावण के सिर काल खड़ा है तभी तो वह यूं जिद पे अड़ा है

उसे कुछ नीति पुर्ण बात बता कर, उसे राम के हवाले कर।

उसने एक उछाल मारी तुरत तब जोर से अट्टहास कर

और वापस लौट गया पूरी लंका को दहला कर।

जय श्री राम।

<h1 style="text-align:center">2</h1>

राम का आविर्भाव

राम का आविर्भाव नामक शीर्षक में राम जन्म के कारण से लेकर राम के बड़े होने तक की घटनाओं का वर्णन किया गया है। लगभग इन घटनाओं का ज्ञान बहुत से पाठकों को पहले से ही होगा। परंतु यहाँ राम के चरित्र पर एक सुंदर कविता तो है ही, पर यदि यही राम हमारे हृदय के अंदर जन्म ले, राम हमारे भीतर के मन में क्यों जन्म ले इसका कारण जानने को जब हम उत्सुक हो जाएं, प्रभु अवतार सदा पापियों के विनाश हेतु होता है, और जब वही प्रभु हमारे अंदर के पाप को नष्ट करने हेतु अवतरित हो तो क्या होगा ? राम कृष्ण के जन्म का कारण कुछ और नहीं हमारी अपनी आत्मा हो, जहां माता कौशल्या माता यशोदा वत् हमारा मन प्रभु के लाड़ वात्सल्य में डूब जाय, जहां प्रभु अपने सारे बाल चरित करते हों, जब प्रभु हमारे अंदर के वकासुर, पूतना का वध करे, जहां श्री राम का नामकरण, चूड़ाकरण, शिक्षा संस्कार किया जाय — इसकी अनुभूति करना अपने हरएक छोटे बड़े भाव को प्रभु भाव के साथ तादात्म्य करना ही ईश्वरत्व है। भगवत प्राप्ति है। — अर्थात रामायण के सारे पात्र को हम अपने जीवन के विभिन्न प्रसंगों के साथ जोड़ते हुए जीवन जीने की आदत डालें। यहि संसार का विकल्प है।

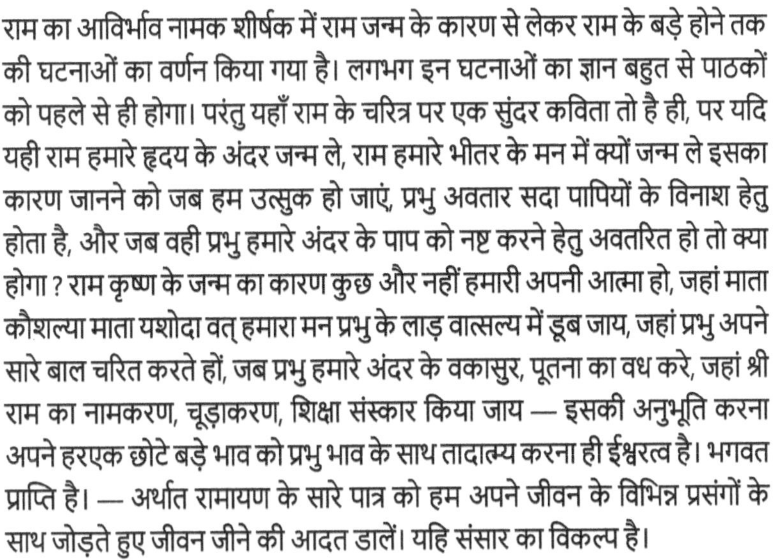

मंगल रुप सर्व कामनाओं के, श्री वाणी और विनायक

उदय हो सत्य, कृपा से जिनकी, हृदय में हे सिद्ध दायक।१।

ज्ञान की गंगा प्रवाहित कर सदा तुम हे महेश्वर

सीताराम के चरित्र में विचरन करते हैं कपीश्वर।२।

उत्पत्ति स्थिति की संहारक समस्त क्लेश हरने वाली

दुखी जनों की करुण विनति पर दौड़ी-दौड़ी आने वाली

राम की प्रियतमा देवी सीता, प्रणाम हे सुबोधिनी गीता।३।

ब्रह्मादि देवों और विश्व को करते माया से वशीभूत

सर्प रस्सी के भ्रम -नाशक तुलसीदास के अवध सपूत

सब का मै उत्कल हृदय से करता हूं अभिनंदन

मेरे तुच्छ हृदय का प्रभुवर स्वीकार करो तुम वंदन।४।

जिनके स्मरण से होती हैं समस्त सिद्धियां प्राप्त

जो हैं शुभ गुणों के मालिक जिनकी कृपा अपार

जिनकी कृपा से गूंगा बोले, लंगड़ा चल राह पार करे

ऐसे सुंदर हस्ति मुख वाले गणपति मुझ पर कृपा करें।५।

नील कमल सा श्याम वर्ण है खिले लाल कमल से नेत्र

लक्ष्मी पति नारायण तू ही तेरा ही है रुप अनेक।६।

कुंद पुष्प चंद्रमा सा तन करते पार्वती संग विश्राम

कामदेव का मर्दन कर दिया, हे शिव शंकर तू है महान

हे दयानिधि प्रगल्भ, कार्तिक, गणपति, जगधात्री संग

स्वीकार करो मेरा प्रणाम स्वीकार करो मेरा प्रणाम।७।

सुरुचि पूर्ण हैं मेरे गुरु, सुगन्धित अनुराग रसों से पूर्ण

अंधकार अज्ञान के नाशक, गुरु तेरे से ही सब उद्त।

सभी रसों के श्रोत तुम्हीं हो, कृपायुक्त विचारों में

संजीवनी बूटी तुम ही हो, जगत ब्याधि के मूलों में।८।

जप योग, वैराग्य का दुश्मन, नित्य पापाचरण करता रावण

जो भी करता धर्म निर्वहन, कर देता उसका देश निष्कासन

राक्षस घोर पापों के भंडार, उनका धर्म ही था अत्याचार

हिंसा पापों से था उनको प्यार, करते सदा अन्याय कदाचार।
पराई स्त्री और पराया धन, होते इन दुष्टों के आकर्षण
माता- पिता, साधु- संतों को, प्रताड़ित कर करते पापाचरण
जितना, पहाड़ों, नदियों, समुद्रों के बोझ से नहीं, उतना
धरती ऐसे रक्षसों के पापों से ब्याकुल रहती थी।

धर्म विरुद्ध सब देख पृथ्वी, रावण भय से कांपा करती थी
कैसे अब उद्धार हो मेरा, हरदम यही गुणा करती थी
देव मुनि सब जहां छिपे थे, गो रूप धर वह वहां गई
अपना दुखड़ा उन्हें सुना कर, जार- जार धरती रोई।

फिर सब देव मुनि, गंधर्व, धरती मिल, पहुंचे ब्रह्मा लोक
ब्रह्मा ने खुद को अक्षम कह, उन्हें दिखाया विष्णु आलोक
ब्रह्मा जी बोले सुनो हे पृथ्वी, तू है जिनकी दासी
वहीं हैं तेरा मेरा तारक, हरि विष्णू जो अविनाशी।

ब्रह्मा ने कहा हे धरती, मन में करो धीरज धारण
प्रभू भक्तों की पीड़ा जानते, करो उनका ही स्मरण
सब मिल लगे सोच, बोले प्रभू कहां मिलेंगे
उनके तो अनगिनत ठिकाने, कहां कहां जाऊं खोजने।

क्या वे वैकुंठ में होंगे, या होंगे क्षीरसागर में
कहीं वे शिवलोक में तो नहीं, बैठे शिव के हृदय में
भक्ति की रीति तुम समझो, वह तो सबके हृदय में
प्रभु तो हैं घट-घट के वासी, और भक्तों के वश में।

देश, काल, दिशा, विदिशा, जहां न हों प्रभु प्रकट्
चराचर जगत के साथ सदा वे, ज्यों काष्ठ में अग्नि लपट
प्रभु तो सबसे रहित हैं रहते सदा सबसे विरक्त
ऐसा---कह कैलाशपति ने, किया सबको आश्वस्त।

सब को प्रिय लगी शिव की बात मन में तब बंधी आश
जैसे ऊसर में पड़ा पानी और जन्मे उन पर हरित घास
ब्रह्मा ने कहा साधु-साधु, पुलकित हृदय, नयनों में अश्रु
सब देवों ने कहा एक स्वर, जय हो, जय हो तथा अस्तु।

सबके संग मिल ब्रह्मा जी, हाथ जोड़ करने लगे स्तुति
सब का मन प्रभु में रम गया, न रहा कुछ भय न आशक्ति
असुरों के नाशक भक्तों के पालक, जय-जय हो देवों के स्वामी
हे दीनबंधु दयालु, कृपालु, अब दया करो हे अंतर्यामी।

मोक्षदाता, इंद्रियों से परे, तुझसे सब भाषाएं उद्त
हे अविनाशी घट-घट वासी, परम आनंद ब्रह्म स्वरूप
सारे भोगों से विरक्त, ज्ञानी करते जिनका संधान
हे सच्चिदानंद जय-जय हो, तेरा छूटे कभी न ध्यान।

हे पापों के नाशक प्रभुवर, तूने ही श्रृष्टि का सृजन किया
मुनियों के मन के आनंद तुम, तेरे में हमने शरण लिया
विपत्तियों की नाशक शक्ति, हम न जानते पूजा भक्ति
तारो हमको अपने कर से, जो हम पर आई बड़ी विपत्ति।

चतुराई छोड़ हम देवता गण, आए हैं तेरी शरण में
तुझे छोड़ जाऊं कहां अब, गुणों ज़रा तुम मन में
सरस्वती, शेष जी भी, न कर सकते तेरा बखान
सारे ऋषि समूह मिल कर भी, न कर पाये तेरा ध्यान।

तुम पर निछावर तप ज्ञान, सारे वेद तत्व बखान
सबके प्रिय तुम श्री भगवान, त्राहिमाम प्रभु त्राहिमाम
संसार समुद्र को मथने वाले, प्रभु तुम समस्त गुणों के खान
सारे सुख की राशि तुम हो तेरे बिन कुछ न आए काम।

सब मुनि, सिद्ध देवता गण भय त्रस्त हो आए तेरी शरण
हमें शरण दें हे नारायण, बैठे हैं हम सब तेरे चरण
तभी हुई आकाशवाणी, ''सूर्यवंश में मनुज अवतार लूँगा
अपना डर त्यागो अब तुम सब, मैं सबका उद्धार करूंगा।

कश्यप और अदिति को मैंने, दिया है वर पहले ही
दशरथ, कौशल्या बन अवध में विचरण कर रहे वो ही
हे देवता गण निर्भय रहो, मै रघुकुल में शिघ्र अवतार लुंगा
श्रेष्ठ चार भाई, चार रूप बन जगत में विचरण करुंगा।

ब्रह्मा ने कहा देवों से, आप सब अब बानर तन धर धर
पृथ्वी पर विचरन करें भय त्याग, घूमें वन में जैसे वनचर
तब देवों ने किया वैसा ही, न कुछ किया बिलम्ब
हरि की प्रतीक्षा करने लगे वे, मन में भरा आनंद।

रघुकुल के प्रताप से रावण, बौखलाया रहता था
प्रथम वह हारा दिलीप से, फिर 'अज' से भी हारा था
जब अज - पुत्र दशरथ ने, रावण को, लंका में बंदी बनाया
हताश होकर रावण तब, ब्रह्मा जी की शरण में आया।

उसने फिर ब्रह्मा जी की, किया घोर तपस्या
और नि:वीर्य रहे दशरथ, ऐसा वरदान मांग लिया
रावण को कश्यप अदिति के, वर का था पहले से ज्ञान
प्रभु उनके पुत्र बनेंगे का जो, मिला था कश्यप को वरदान।

रावण यह भी जान चुका था, कश्यप, अदिति का ही
पुनर्जन्म राजा दशरथ कौशल्या का है
तभी नि:संतान रहे कौशल पुर दशरथ राजा
ऐसा तप कर ब्रह्मा से वचन लिया है।

राजा दशरथ की कौशल्या कैकेयी, सुमित्रा रानी थीं तीन
पर राजा को बड़ा दुख था, थे जो वे संतान विहीन
दशरथ की तीनों ही रानियां थीं, शुभ आचरण पुनीत
पति प्रेम में दृढ़ व्रती थी, हरिपद कमल विनीत।

गुरु वशिष्ठजी को राजा ने तब, अपना दुख बतलाया
तेरे घर चार पुत्र जन्म लेने वाले हैं, गुरु ने उन्हें समझाया
तब ऋषि श्रृंग को वशिष्ठजी ने कौशल पुरी बुलवाया
पुत्र कामना हेतु ऋषि से, शुभ यज्ञ करवाया।

भक्ति सहित आहुति देने पर, अग्नि, चरु लेकर हुवे प्रकट
गुरु वशिष्ठजी अति खुश होकर, बोले दशरथ को समझाकर
यह चरु आप रानियों को दें अब, यथा योग्य भाग बनाकर
हे राजन आपके पुत्र खुद हरि बनेंगे सुखी हों धैर्य धरकर।

राजा ने अर्ध भाग कौशल्या को दे आधे का फिर आधा किया
वह कैकेयी के हाथ रख, बचे हुए भाग के भी दो हिस्से किया
और दोनों ही हिस्से छोटी रानी सुमित्रा को सौंप दिया
इसी क्रम से नारायण का रानियों के गर्भ में आगमन हुआ।

तीनों रानी हुईं गर्भ से महल नगर में बजी शहनाई
गर्भ में स्वयं हरि आए हैं तीनों लोकों में खुशियां छाई
योग, लगन, ग्रह, वार, तिथि सभी कुछ हो गए अनुकूल
श्रीराम को जब जन्म लेना था जो सभी सुखों के मूल।

चैत्रमास का शुभ शुक्ल पक्ष और नौमी तिथि आई
शीतल मन्द सुगंध पवन बहा, तीनों लोक खुशियां लहराई
पर्वत शिखर मणियों से सज गईं वन में गूँजे मधुर खग स्वर
अमृत धाराएं ले यमुना दौड़ी पड़ी पावन अवध के धोने पग।

अंजलि भर भर सब तारे गणों ने पुष्प वृष्टि किया जी भर कर
मस्त सुगंध लगे विखेरने नव पल्लव कुसुम संग मिल कर
सृष्टि को सुख देने वाले प्रभु ने, रानियों के गर्भ से जन्म लिया
चराचर जगत को आनंदित करने ब्रह्म का नायक प्रकट हुआ।

प्रभु ने सारे जग को भरमा कर कौशल्या को चतुर्भुज रूप दिखाया

पूर्व जन्म में जो वरदान पाया था माता को स्मरण करवाया

कौशल्या के हितकारी मुनि मन हारी प्रभु सदा कृपालु हैं

अद्भुत रूप बड़े_बड़े नयना मुनियों के मनोरथ दीनदयालु हैं।

चार भुजा पीताम्बर धारी, गले वनमाला, दिव्य आभूषण

प्रभु के अधरों पर चिर मुस्कान जो थे नाशक खर - दूषण

शोभा न जा सकती बखानी किए शंख चक्र गदा धारण

कौशल्या हो गई विस्मृत कंपित बदन गद गद बचन।

कौशल्या करने लगी विनति हे अनंत, तेरी कैसे करुं स्तुति

जो सुख समुद्र गुणों के खान महिमा गाते जिनकी वेद पुराण

जिनसे भ्रमित सदा माया, गुण, ज्ञान वही लक्ष्मी पति भगवान

प्रकट हुए करने जगत कल्याण हे नारायण तुझे प्रणाम।

तेरे रोम-रोम में ब्रह्माण्ड समाये, अनेकों समुद्र पलकों पे तैरते

और तुम मेरे गर्भ में रहे, सुन मन विचलित होते विद्जन के

प्रभु ने कौशल्या से पूर्वजन्म के कश्यप, अदिति की कथा कही

जिसे सुनते ही कौशल्या विह्वल हो पुत्र प्रेम में मगन हुई।

कौशल्या बोली, हे प्रभु तुम अब अपना यह चरित्र छोड़ो

करो बाल चरित अनुपम लीला शिशु बन जगत का मन मोहो

प्रभु ने शिशु रुदन आरंभ किया, सबको पुत्र जन्म का ज्ञान हुआ

गौ, विप्र, देवों के हित कारक प्रभु ने माया का विस्तार किया।

बाल क्रंदन सुन रानी हुईं हर्षित, दासियां दौड़ी आनन्द मगन
राजभवन में खुशियां छा गईं, नगरवासी हुए अति प्रसन्न
राजा दशरथ स्वयं पुत्र जन्म सुन परमानंद में हुए लीन
पुलकित मन को धीरज दे राजा ने खुद को किया प्रवीण।

जिनके नाम होते सदा शुभकारी वहीं प्रभु मेरे घर आए
नगर वासियों ने खुश होकर सकल मंगल कलश सजाए
मंगल रुप सजा कर भामिनी तुम सब पूजा थाल सजाओ
बाजे बजाओ, नाचो, गाओ राजमहल में खुशी मनाओ।

गुरु वशिष्जी द्विज संग मिल कर तब राजमहल आये
रूप राशि सभी गुण पूरित चारों बालक के दरश किए
महाराज दशरथ ने तब नंदीमुख, जातक- कर्म सब पूर्ण किया
स्वर्ण, वस्त्र, मणि सज्जित सहस्त्र गौ वत्सों का दान दिया।

ध्वजा, पताका, तोरण झलमल पूरे अयोध्या में खूब सजा
पुष्प वृष्टि होने लगी गगन से सब ब्रह्मानंद में लीन हुआ
नगर रमणी स्वर्ण कलश ले कर लगीं करने मंगल गान
गायक, मागध, सूत, बंदिजन सबने भरे शुभ सुन्दर तान।

चारों बच्चों की सबने कर आरती चरणों में किया प्रणाम
सबके पाप कट गए जन्मों के जो पाया होगा कभी वरदान
महक उठीं नगर की गलियां चन्दन कस्तूरी केसर से
जी भर दान दिया राजा ने सबको, होकर खूब प्रसन्न मन से।

घर -घर हुआ मंगल बजी बधाई आज तो प्रभु प्रकट हुए
नर नारी सारे तन मन से थे दशरथ महल को घेर खड़े
कैकेई ने सुन्दर पुत्र जने, और सुमित्रा के दो जुड़वां पुत्र हुए
ऐसे अपूर्व बालक देख भला राजा खुद को कैसे धीरज दे।

अवधपुरी शोभित हो रही थी जैसे प्रभु से मिलने रात्री आई हो
और सामने सूर्य देखकर मन-ही-मन सकुचा कर रह गई हो
और पुनः मन में कुछ गुण, रात्री वहीं संध्या बन गई हो
जैसे अंधकार, प्रकाश मिल सब एक ही रंग में रंग गई हो।

राजमहल की क्या तुलना महलों में मणि समूह झूल रहे थे
राज कलश स्वयं रात्रि-चन्द्र बन शुभ्र गगन में चमक रहे थे
और अगरबत्ती या धूप की धूएं नगर भर में महक रहे थे
नगर के तोरण और पताके पवन के संग मिल खेल रहे थे।

पूरे राज - भवन में वेद-ध्वनि जैसे, खग कलरव सम गूंज रहे थे
इधर इस पुनीत कौतुक से भर सूर्य भी अपनी गति भूल गए थे
एक मास का एक दिन बीता गया यह रहस्य कोई न जानता
सूर्य अपने रथ को रोके अवध में ही रह गये थे विचरता।

अपने भाग्य सराह-सराह कर सब देव, मुनि, गंधर्व विदा हुए
सारा उत्सव देखने के उपरांत सूर्य भी अपनी नगरी चले गए
शिवजी ने कहा, सुनो हे गिरिजा मैं और काक भुशुण्डि भी
मानव तन धर वहीं टिके थे इसे नहीं जानता कोई भी।

आनंद और प्रेम के सुख से, अवध में सबकी थी सुधि भूल गई
पर इस चरित्र को वही जानता, जिस पर प्रभु की कृपा हुई
सुख पूर्वक कुछ समय यूंही बीता, नामकरण का समय आया
राजा दशरथ ने तब गुरु वशिष्ठ को राजमहल में बुलवाया।

गुरु ने अपनी ज्ञान – ज्योति से, इन बच्चों को नाम दिया
शिशुओं के गुणों पर आधारित, गुरु ने सबके नाम कहा
आनंद - कंद सुख की राशि जो हैं समस्त सुखों के धाम
तीनों लोकों की रक्षा करने वाले बड़े पुत्र का 'राम' नाम।

विश्व का जो करें भरन-पोषण दूजे पुत्र का 'भरत' नाम
जिनके स्मरण से शत्रु नष्ट हो ऐसे को 'शत्रुघ्न' जान
सारे जग को जो धारण करते, और श्रीराम के प्राण समान
जिनमें हों सारे शुभ लक्षण उनको 'लक्ष्मण' नाम प्रदान।

सारे पुत्रों के नाम सुनाकर मुनि ने नृप को फिर कुछ दिया ज्ञान
हे राजन, तेरे पुत्र ऋषि, मुनियों के धन शिवजी के हैं गुरु समान
नारायण ने तुझको सुखी किया है तेरे प्रेम के वश होकर
बाल लीला का सुख अब भोगो तुम सारी आशक्ति तज कर।

बालपन में ही लक्ष्मण ने श्री राम के संग प्रीति जोड़ ली
और भरत शत्रुघ्न दोनों ने स्वामी -सेवक सी रीति मान ली
एक श्याम एक गौर तन वाले दोनों जोड़ी की शोभा ऐसी थी
श्वेत-पंद्य की आभा जैसी निरख माताएं नित खिलती थी।

कभी गोद कभी पालने रख सब माताएं करती थीं दुलार
परम ब्रह्म को पुत्र समझ कौशल्या करती पुत्र ब्यवहार
गंभीर मेघ या नील कमल सा झलकते थे उनके तन
लाल- लाल कमल जैसे खिले हों शोभित होते थे चरण।

इनके कोमल नंखों की ऐसी लगती थी अद्भुत ज्योति
मानो लाल कमल के पत्तों पर बिखर गए हों कोई मोती
बज्र, ध्वजा, अंकुश चिन्ह शोभा पाते राम के चरण तल में
पाँवों की पैंजनी की रुनझुन से मोहित होते सब महलों में।

कमर में कमरधनी, पेट पर त्रीरेखाएं भूषण सजे भुजा विशाल
हृदय ब्याघ्र-नख की छटा गले में शोभे रत्न मणि का हार
कंठ शंख सम ठोढ़ी उद्भुत उसपर छोटे-छोटे थे होंठ लाल
मुख में दांतो की शोभा लगते जैसे धवल मोतियों के माल।

सुन्दर कर्ण, सुन्दर कपोल थे काले चिकने घुंघराले बाल
फूटते मधुर तोतले शब्द, सुन माताएं होती थीं निहाल
सुन्दर पीत रंग का झबला उनके तन पर सजा हुआ
घुटनों के बल चलते हैं प्रभु, तन पर धूल धूसर भरा हुआ।

वेद शरदा शेषजी भी यह सौंदर्य वर्णन नहीं कर सकते
केवल वही जानता इसको जिस पर प्रभु कृपा करते
ज्ञान, वाणी और मोह से दूर जो स्वयं सुखों के थे पुंज
इंद्रियातीत, भक्तवत्सल क्रीड़ा करते नित नई- नई अपूर्व।

इसी क्रम से जगत के स्वामी माता-पिता को सुख देते
अवध वासियों के हृदय में भी एक राम नाम ही रहते
राम विमुख हो कर कोई कोटि- कोटि भी करें उपाय
पर संसार बंधन काटने में वह सदा बस रहे निरुपाय।

जिसने चराचर जगत को माया बन अपने वश कर रक्खा है
ऐसी 'माया" भी राम से डरती प्रभु कृपा बिन सब धोखा है
सच्चे मन, बचन, कर्म से करो सब रघुनाथ जी का भजन
जो माया को भौंहों से नचाते हैं, ऐसे श्री राम का करो स्मरण।

रानियां कभी उन्हें गोद में लेतीं कभी पालने में झुलातीं थीं
उनका मुख-चन्द्र चूम-चूम वे प्रेम की वर्षा करती रहतीं थीं
एक बार माता कौशल्या ने श्रीराम को स्नान करवाया
उनका श्रृंगार अपने हाथों करके उन्हें पालने में सुलाया।

फिर उन्होंने अपने ईष्टदेव अर्चन हित कुछ नैवेद्य बनाया
भक्ति भाव से कौशल्या ने वह नैवेद्य मंदिर में चढ़ाया
पूजन अर्चन पूरा कर जब माता पुनः पाक गृह आई
वहां अपने शिशु को नैवेद्य खाते देख बड़ा घबड़ाई।

तब भाग पालने तक आई देखा, शिशु सुख से सोया है
पुनः पाकशाल जा देखा वहां पुत्र बैठ नैवेद्य खाता है
धीरज उनके नष्ट हो गये शंका भय से वे कंपित हो उठीं
दो-दो बालक कैसे देखा सोच-सोच बड़ा ब्याकुल हो गई।

दो दो बालक मैंने देखा एक पालने दूजा भोग लगाता
यह मेरी बुद्धि का भ्रम है या अदृश्य कुछ और दिखाता
तत्क्षण राम ने माता के समक्ष विष्णु रूप अवतार लिया
रोम-रोम में करोड़ों ब्रह्माण्ड का माता को दर्शन करवाया।

सूर्य, चन्द्र, शिव, ब्रह्मा, पर्वत, नदियां, पृथ्वी, समुद्र अनेक
काल, कर्म, गुण, ज्ञान और तप सब, सिमट रहे वहीं होकर एक
जीवों को भ्रमित करती माया करबद्ध हो सामने खड़ी थी
जीवों को, बंधन मुक्त करने वाली भक्ति भी वही टिकी थीं।

माता का तन रोमांचित हो उठा मुख से कुछ नहीं फूटे बोल
मस्तक प्रभु चरणों पर रख दिया तन थर-थर था रहा डोल
कौशल्या ने अपने मन में सोचा श्री हरि को मैंने पुत्र जाना
'हरि' ने कौशल्या से तब कहा 'यह चरित्र तुम मन में रखना "।

तत्क्षण सब माया विलुप्त हो गई कौशल्या चैतन्य हुई
और अपने राम को बाल रूप पालने में देख आश्वस्त हुई
तभी प्रभु राम नींद से जग कर पालने में तुरत उठ बैठे
कौशल्या का मन शान्त हुआ तब मुख से उनके स्वर फूटे।

कौशल्या तब हाथ जोड़ प्रभु की विविध करने लगी विनति
अपने हृदय के मातृ भाव भर उन्होंने उनकी की स्तुति
मुझे यह माया अब कभी न दिखाना सदा पुत्र रूप मुस्काना
मैं माता तू पुत्र मेरा है अब मुझको कभी नहीं भरमाना।

प्रभु के नित्य बाल चरित में तब सब कुछ हुआ लयलीन
नगरवासी, सेवक, परिजन सब सुख में हुवे मगन तल्लीन
इसी प्रकार कुछ समय सुख से बीता चारों बालक बड़े हुए
उनका चूड़ाकरण संस्कार कर दशरथ ने ढेरों रत्नों के दान दिए।

मन, वचन, कर्म से जो अगोचर वही दशरथ आंगन में खेल रहे
अपने बाल सखाओं संग मिल रोज नई नई क्रीड़ा करते
भोजन करने जब पिता बुलाते क्रीड़ा छोड़ वे नहीं आते
मैया कौशल्या जब प्यार जतातीं ठुमुक- ठुमुक चले जाते।

जिस प्रभु को वेद ''नेति'' कहता, शिव जी भी न अंत पाते
वही प्रभु दशरथ के आंगन धूल- धूसरित हो थे दौड़ लगाते
धूल भरे तन पर राजा प्यार जता उठा अपनी गोद में लेते
दधि ओदन मुख में लपटा कर प्रभु अपनी माया दिखलाते।

असंख्य कामदेवों की छटा से जो असंख्य देवों को भरमा देते
वही विप्रों के चरण- चिन्ह लख, नत- नत मस्तक हो जाते
इन लीलाओं का शेष, शारदा, वेदों ने अपने मुख से किया गान
जो इनमें अनुरक्त न हुआ उसे तो बस भाग्यहीन जान।

कुमार अवस्था आते ही भाइयों सहित यज्ञोपवीत कराकर राम
विद्या अध्ययन करने चले गये गुरु वशिष्ठ जी के पुण्य धाम
वे हुवे शिक्षा में मगन, स्वभाविक श्वास जिनके चारों वेद
इस लीला को देखते कौतुकता से सरस्वती, शेष और महेश।

धनुष बाण इन भाईयों के हाथों में अद्भुत शोभा पाते
इनका रूप चराचर जगत को यूं ही मोहित करते रहते
रामचन्द्र भाइयों मित्रों के संग मिल, वन में मृगया को जाते
पावन मृग को जीवन मुक्त कर ला दशरथ को दिखलाते।

जो मृग राम बाण से मरते, वह यह जग छोड़, देवलोक जाते
जिनको जो वरदान मिला था वही प्राणी यहाँ फल पाते
इसीक्रम से चारों भाई माता-पिता जगत को सुख देते रहते
साथ- साथ में श्रृष्टि के जीवों का भी कल्याण करते जाते।

क्रमानुसार सारे जीवों को सदा उनका कर्म सीखाते रहते
मानवों के चरित जैसे ही रघुनाथ नित चरित करते रहते
परिजन, लोक सभी सुखी हों ऐसा ही वो सदा आचरण करते
दीन दुखियों असहायों पर रघुनाथ सदा दया दिखाया करते।

प्रात: उठ माता-पिता और गुरु विप्र को नित्य शीश झुकाते
उनकी आज्ञा पाकर ही वे चारों भाई और कार्य को थे जाते
जो ब्यापक, अकल, इच्छारहित सतत अजन्मा और निर्गुण हैं
वहीं रघुराम भक्तों के वश हो नित्य रचाते सद्गुण हैं।

श्री रामचन्द्र की जय

3

विश्वामित्र संग राम लक्ष्मण

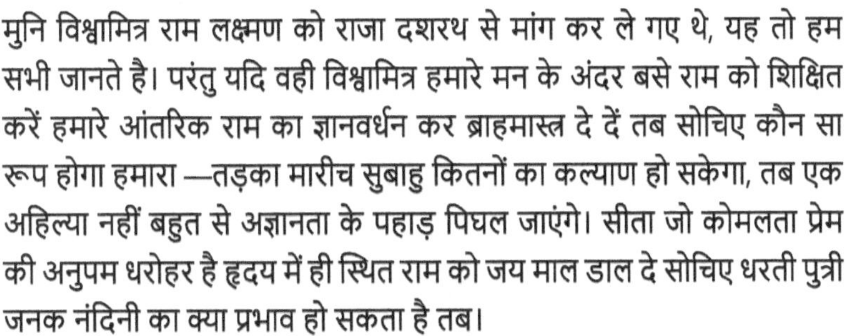

मुनि विश्वामित्र राम लक्ष्मण को राजा दशरथ से मांग कर ले गए थे, यह तो हम सभी जानते है। परंतु यदि वही विश्वामित्र हमारे मन के अंदर बसे राम को शिक्षित करें हमारे आंतरिक राम का ज्ञानवर्धन कर ब्राह्मास्त्र दे दें तब सोचिए कौन सा रूप होगा हमारा —तड़का मारीच सुबाहु कितनों का कल्याण हो सकेगा, तब एक अहिल्या नहीं बहुत से अज्ञानता के पहाड़ पिघल जाएंगे। सीता जो कोमलता प्रेम की अनुपम धरोहर है हृदय में ही स्थित राम को जय माल डाल दे सोचिए धरती पुत्री जनक नंदिनी का क्या प्रभाव हो सकता है तब।

वन में यज्ञ तप करते थे सब मुनि संग विश्वामित्र

पर वे मारीच सुबाहु राक्षसों से रहते थे भयभीत

तप यज्ञ में ये दुष्ट राक्षस बड़ा ही उपद्रव मचाते

और उनके भय से सदा ऋषि मुनि दुख पाते।

रघुकुल में प्रभु ने अवतार लिया है मुनि ने जब जाना

प्रभु ही मुनियों का उद्धार करेंगे ऐसा उन्होंने माना

सोचा, राजा दशरथ से यदि मैं श्री राम को मांग लाऊं

इसी बहाने मैं भी तो कुछ प्रभु की भक्ति कर पाऊँ।

ऐसा विचार, आते ही मुनि ने अयोध्या किया प्रस्थान

नगर में प्रवेश करने के पहले सरयु में किया स्नान

विश्वामित्र राज महल पहुंचे, सरयू में कर पूजन अर्चन

दशरथ दौड़े चले आए खबर मिलते ही मुनि आगमन।

राजा दशरथ ने ब्राह्मणों संग मुनि को किया दंड प्रणाम
ब्रह्म ऋषि के आशीर्वाद पा कर राजा हो गए भाग्यवान
दंडवत कर मुनि को आदर से राजा ने आसन पर बैठाया
चरण धोकर अपने कर से उन्हें विविध भोजन करवाया।

राजा दशरथ की विनयशीलता देख मुनि हुए अति प्रसन्न
राम के अब दर्शन मिलेंगे सोच मन में भरा बड़ा आनंद
चारों पुत्रों को बुला कर राजा ने तब मुनि से मिलवाया
सबने अपने नाम कह कर मुनि चरणों में प्रणाम किया।

राम मुख की शोभा देखते ही मुनि हुए ऐसे विभोर
पुर्ण चंद्र देख जैसे सब कुछ भूल गया हो कोई चकोर
राजा ने तब खुश होकर मुनि आगमन का कारण पुछा
लेकिन उत्तर सुनते ही राजा का हृदय ब्याकुल हो गया।

मुनि बोले, हे राजन हम मुनियों को राक्षस बड़ा सताते हैं
मुनियों के जप तप यज्ञ पूजा, में वे बड़ा ऊधम मचाते हैं
तड़का पुत्र सुबाहु मारीच से हम ऋषिगण सदा दुखी हैं
कैसे उनका वर्चस्व समाप्त हो सदा सोचते सभी यही हैं।

तुम अपने राम लक्ष्मण को मुझे दान में दे दो हे राजन
तभी सारे ब्राह्मणों का जगत में हो पाएगा धर्म- निर्वहन
मेरे संग जाने से तेरे पुत्रों का भी होगा कल्याण
आप अपनी अज्ञानता त्यागें आपका होगा यशोगान।

सुनते ही राजा का मन कांपा आभा हो गई कांति हीन
चौथेपन ये पुत्र पाया हुँ मुनि, विचारणीय बातें नहीं कही
गौ, पृथ्वी, धन, खजाना राज या प्राण भी मांग लीजिए
बिना विचारे दे दूंगा सब आप परीक्षा ले कर देखिए।

हे मुने, रघुनाथ तो अभी बच्चा है कोमल है किशोर है
राक्षसों को वे कैसे जीतेंगे, जब राक्षस तो क्रुद्ध कठोर है
आप मुझसे कुछ भी मांग लें मुनि, रघुनाथ न देते बनता
रघुकुल की उम्मीदों के तो बस वही हैं एक देवता।

हे मुनि मुझे अपने सारे ही पुत्र प्राण से अधिक प्यारे हैं
पर रघुनाथ को कैसे दूँ वही तो एक अवध के दुलारे हैं
राजा के पुत्र से प्रेम देख मुनि- मन में हुआ बड़ा हर्ष
नीति सम्मत उपदेश दिया राजा को वशिष्ठ जी ने तब।

उनके मन के संदेह मिट गए जो पुत्र प्रेम से थे सिमटे
ब्रह्म रूप का ज्ञान हुआ फिर सारे भ्रम मिट गए मन से
राजा ने आदर पूर्वक तब प्रिय राम लक्ष्मण को बुलवाया
उनको अपने गले लगा मुनि के हाथों सौंप दिया

मुनि ने कहा, राम देने से तुम्हें होगी यश, धर्म की प्राप्ति
साथ ही साथ इनके भी बल ज्ञान शौर्य में होगी बृद्धि
राजा ने ब्याकुल हो कर कहा, हे मुने अब आप ही इनके
माता पिता कुटुंबी संरक्षक, गुरु रूप आप ही मार्ग दर्शक।

तब दोनों सिंह पुरुष बेझिझक चल पड़े विश्वामित्र के साथ
थे जो धीर बुद्धि कृपा सागर संपूर्ण विश्व के तारणहार
लाल नेत्र, चौड़ी छाती थी ; थी भुजायें लंबी विशाल
नीलकमल सा श्याम प्रभु का तन जैसे बृक्ष हो कोई तमाल।

एक श्याम एक गौर इन दोनों भाई की जोड़ी थी बड़ी अपूर्व
लगा जैसे विश्वामित्र इस निधि को पाकर हो गए हैं पुर्ण
मुनि ने जाना प्रभु ब्रह्मण मुनि, देव, संतों के उद्धारक हैं
तभी तो पिता का वैभव त्याग बन गए मेरे सहचर हैं।

राह में इन्हें देखते ही तड़का दौड़ी करने इन पर आक्रमण
और श्रीराम का अपूर्व बाण लगते ही गिरी भूमि पर तत्क्षण
दीन जान तड़का को प्रभु ने दिखलाया अपना दिव्य रूप
उसके सारे पाप नष्ट हो गए वह हो गई भगवत स्वरूप।

विश्वामित्र ने तब इन्हें दिब्यास्त्रों का कुछ ज्ञान दिया
और राम को योग्य समझ कर ब्रह्मास्त्र भी प्रदान किया
भूख, प्यास, क्लान्ति को जीतने की पुनः कला सिखलाई
मुनि को तो सब ज्ञात ही था जगत में सर्वश्रेष्ठ हैं रघुराई।

सारे ज्ञान प्रदान कर मुनि इन्हें, अपनी कुटिया में लाए
सुन्दर आसान देकर प्रभु को कंद, मूल, भोजन करवाए
प्रातः राम ने कहा मुनियों से आप सब अपना यज्ञ करें
अब मैं हूं रक्षक यज्ञ का आप सब बिल्कुल निडर रहें।

सारे मुनि बहुत खुश होकर करने लगे सब अपना यज्ञ
भय त्याग ब्रह्म के शरणागत सभी राम भाव से हुए प्रज्ञ
यज्ञ होता देख मुनियों का जो था घोर दुश्मन मारीच
दौड़ा ले अपने सहायकों के संग करने यज्ञ को अपवित्र।

बिन फल वाले वाण से प्रभु ने पहुंचाया उसे सौ योजन पार
ताकि वह अब राम को भज कर करे अपना जीवन उद्धार
यह देखते ही उसके भ्राता सुबाहु ने कर दिया आक्रमण
और नष्ट कर दिया उसे लक्ष्मण ने अपने बाणों से तत्क्षण।

ब्राह्मण, मुनि सभी निर्भय हो करने लगे खुशी खुशी यज्ञ
राम लक्ष्मण दोनों भाई रहने लगे उनकी रक्षा में तत्पर
जो थे सर्वज्ञ राम, उन्हें ब्राह्मणों ने पुराणों की कथा सुनाई
अनुज के साथ मिल कर श्री राम ने इनकी शिक्षा अपनाई।

एक दिन मुनि ने मिथिला के धनुष- यज्ञ की बात बताई
और कहा, चलो देख आते हैं, मिथिलापति की प्रभुताई
राम लक्ष्मण प्रसन्न चित्त हो चल दिए विश्वामित्रजी के साथ
मार्ग में एक निर्जन आश्रम दिखा जो था बड़ा ही सुनसान।

न वहां कोई पशु पक्षी दीखते थे न कोई था जीवन के लक्षण
एक बड़ा- सा शिला पड़ा था उस कुटिया के बीच में निर्मम
ऐसा निर्जन स्थल देख राम, लक्ष्मण ने मुनि से पूछा कारण
और तब विश्वामित्र ने इनसे शिला का परिचय दिया गहन।

गौतम मुनि के शाप से उनकी पत्नी शिला बन कब से पड़ी है
और प्रभु राम की चरण- धूली पड़ने से ही उनकी मुक्ति है
ऋषि ने कहा, हे प्रभु कृपा कर आप इनका करें उद्धार
युगों- युगों से ये पत्थर बन, कर रही हैं आपका ही इंतजार।

श्रीराम के पांवों के स्पर्श पाते ही तपोमुर्ति अहिल्या प्रकट हुई
सम्मुख साक्षात भगवन पाकर तो धन्य, धन्य वह धन्य हुई
उत्कट प्रेम से अधीर हो वह शिला रूप त्याग कर खड़ी हुई
और जो थी बड़ भागीनि, अहिल्या प्रभु चरणों से लिपट गई।

उसके मुख से बोल न फूटे वह प्रेमवश थी थर-थर कांप रही
आंखों से झर-झर अश्रु बहाते बस प्रभु चरणों को धोती रही
फिर किया धीरज धारण इंद्र के छल का उसे हुआ स्मरण
पति ने जो उसे श्राप दिया था उसी से वह आज हुई पावन।

तब वह अपने निर्मल वाणी से करने लगी प्रभु की स्तुति
आप तो भक्तों के उद्धारक हो प्रभु, सुन लो मेरी विनती
आप इस धरा को पवित्र करने ही इस जगत में आए हो
श्राप भी उत्तम फल ही देता है यही बताने आए हो।

मैं तो थी नारी अपावन तेरी चरण धूलि से हो गई कंचन
मुझे आज तेरा मिल गया दर्शन कृपा करो हे कमलनयन
अपने भक्तों के हो तुम रक्षक हे जन्म- मृत्यु के नाशक
अब तक मैं थी परित्यकता मिल गई तेरी कृपा की मुक्ता।

मेरे पापों के उद्धार हेतु ही मुनि ने मुझे दिया था शाप
उस क्षण मैंने क्यों दुख माना इसी का मुझे आज अनुताप
हे प्रभु अब रक्षा करो मेरी मैंने त्यागी सब आशा आशक्ति
मुनि की अनुकंपा से ही जी भर आज मैंने देखी तेरी मूर्ति।

तेरा स्पर्श पाकर हे स्वामी मैं हो गई आज पुनीत पवित्र
अब तक राहों में पड़ी थी बनकर कठोर शिला अपवित्र
मैंने अपने मस्तक पर प्रभु -चरण- कमल-रज धारण किया
मेरे मन भंवरा ने भी, तेरे मुख- सरोज-रस का पान किया।

मेरा तन, मन बंध गया है स्वामी अब तेरे प्रेम पाश में
जो मन अब तक बना था पत्थर, परिणत हुआ नवनीत में
जिन चरणों से प्रकट हुई गंगा, जिसे शिव ने किया धारण
जिन चरणों को पूजे ब्रह्मा मेरे सिर आज पड़ा वही चरण।

अब मुझे स्वीकारो नारायण मुझको स्वीकारो तुम नारायण
मुझे स्वीकारो हे नारायण स्वीकार करो मुझे तुम नारायण
अहिल्या की ऐसी स्तुति सुन कर श्रीराम हुए अति प्रसन्न
मन चाहा वर पाकर प्रभु से, किया उसने पति-लोक गमण।

जो दीनबंधु, दया के सागर जिनकी कृपा सदा अपार
रे मन उनका ही भजन करो तुम सब छोड़ कपट ब्यवहार
राम, और लक्ष्मण विश्वामित्र संग तब गंगा -तट पर पहुंचे
पृथ्वी पर गंगा कैसे आई मुनि ने उन दोनों से कथा कहे।

प्रभु राम ने सब ऋषियों भ्राता संग गंगा में स्नान किया
गंगा की पूजन, अर्चन कर ब्राह्मणों को अनेकों दान दिया
राम, लक्ष्मण गाधिपुत्र ब्रह्मण संग तब पहुंचे जनक पुरी
कितना भी वर्णित हो जनकपुरी शोभा पर हो अधूरी ही।

कूएं, नदि, तलाब के जल सब थे अमृत समान
पुष्प-वाटिका, बाग और बाड़ा सभी कुछ दिखते थे महान
गुंजार करते मतवाले भंवरे कलरव रंग-बिरंगे पक्षी के
रंगा-रंग के कमल खिले थे, मधुर सुगंध बहते ऋतुओं के।

पूरे नगर बाजार चौबाट सुशोभित थे फूले- फले लताओं से
पुष्पवाटिका, बागें शोभित थे सुन्दर तितलियों के जमघट से
मणियों के झलमल छज्जे दिखते थे मिथिला के बाजारों में
जैसे ब्रह्मा ने उन्हें अभी बनाया ऐसे प्रिय लगते नयनों में।

गाधिपुत्र मंडली संग पहुंचे हैं राजा जनक को मिली खबर
मिथिला पति मंत्री ब्राह्मण संग मिलने आ पहुंचे तत्पर
जनक ने विश्वामित्र के चरणों पर मस्तक रख किया प्रणाम
खुद को बड़भागी कहकर ब्राह्मण मंडली को दिया सम्मान।

कुशल क्षेम पूछ राजा ने विश्वामित्रजी को दिया आसन
और पाकर यथा योग्य स्थान बैठ गए समस्त ब्रह्मण
उसी अवसर पर पहुंचे वहां राम लक्ष्मण दोनों भाई
मुनि ने दोनों किशोरो सिंह की राजा से परिचय करवाई।

श्याम, गौर वर्ण के ये सुन्दर बालक थे सुघड़ मुख मंडल
दोनों तेज, बल युक्त सुन्दर तन नयन थे जैसे नील कमल
इन भाइयों के तेज से वहाँ के सारे लोग हो गए प्रभावित
इनकी अनूपम छटा देख खुशी से सभी हो गए रोमांचित।

भूल गए सब अपनी सुध- बुध जड़वत् हो सब रहे निहार
कभी किसी ने न देखी थी कभी ऐसा रूप सौंदर्य अपार
राजा जनक स्वयं विस्मृत थे भूले उनके सब ज्ञान विराग
छटा देख इन दोनों बालक के हृदय में उठ रहे थे उद्गार।

तब मिथिलपती ने ज्ञान से खुद के मन को धीरज दिया
मुनि चरणों में प्रणाम करके शान्त मन हो प्रश्न किया
हे नाथ, ये बालक मुनिकुल आभूषण या राजवंश के पालक हैं
अथवा कहीं स्वयं ब्रह्म तो नहीं जो युगल रूप धर आए हैं।

चंद्रमा को देख चकोर सा, मेरा, वैरागी- मन अभिभूत हुआ
इस क्षण न जाने क्यों मेरे मन ने ब्रह्म -सुख भी त्याग दिया
मैं भ्रमित हो रहा हुँ, हे नाथ बतलावें कौन हैं ये बालक
जिनके सम्मुख मेरा सारा ज्ञान, तप हो गया है नतमस्तक।

विश्वमित्रजी बोले, हे राजन, तुमने मिथ्या कुछ नहीं कहा
ब्रह्मा के भी ब्रह्म यही हैं, इनसे अहिल्या का उद्धार हुआ
ये सारे जगत को प्रिय हैं कण- कण को सुख देने वाले
ये रघुकुल के राम, लक्ष्मण हैं समस्त क्लेशों को हरने वाले।

ये हैं रुप, शील, गुण, विद्या, ज्ञान और अतुलित बल के धाम
सारे ब्राह्मणों के यज्ञ रक्षा कर, इन्होंने दिया है इसका प्रमाण
हे मुनिवर, जनक विह्वल हो बोले, आज मेरे पुण्य फलित हुए
इन गौर, श्याम बालकों को देख तो जीवन लेना ही सफल हुए।

आह्लादित हो राजा जनक ने प्रभु को अतृप्त हृदय से देखा
ब्रह्म, जीव के भेद समझकर स्वभाविक परिणति को परखा
राजा जनक तब उन सब को अपने साथ नगर में लाए
एक सर्वाधिक सुखद महल उचित समझ कर उन्हें ठहराये।

भोजन, विश्राम के बाद, लक्ष्मण, नगर देखने को उत्सुक थे
गुरु संकोच, राम के भय से वे मन -ही -मन में चुप थे
श्रीराम, लक्ष्मण-मन की बात समझ गुरु से बोले विनय पूर्वक
मैं लक्ष्मण को नगर घुमा दूं ; यदि आप आज्ञा दें गुरुवर।

विश्वामित्र ने कहा, दोनों भाई जाकर मिथिला नगर देख आओ
पूरे नगर वासियों के नयनों को अपने दर्शन से सफल बनाओ
पीत वस्त्रों में सुसज्जित दोनों भाई कमर में तरकस बंधे हुए
हाथों में धनुष-वाण शोभित थे माथे चंदन तिलक लगे हुए।

ये श्याम शरीर कौशल्या नंदन कमल सम नयन राम है नाम
अधर्म के मद चूर करने वाले वे ही हैं सभी सुखों के धाम
पीछे- पीछे चल रहे जो गौर वर्ण के अद्त सुकुमार किशोर
सुमित्रा के नंदन नाम है लक्ष्मण, वे राम में रहते सदा विभोर।

सुकुमार तन कमल सी कोमलता मद चूर किया मारीच, सुबाहु के
विश्वामित्र ने खुद ब्रह्मास्त्र दे दिया इन्हें सबसे योग्य समझ के
विश्वामित्र, ब्राह्मणों का कार्य पूरा किया, किया अहिल्या का उद्धार
सौन्दर्य देख मिथिला ऐसा विभोर हुआ भूले सब जगत ब्यवहार।

एक सखी ने कहा दूसरे से देखो, यही वर है सीता के अनुकूल
पर जो है राजा विदेह की प्रतिज्ञा वही यहां बनती है प्रतिकूल
एक ने कहा, लगता है, राजा जनक ने इन्हें पहचान लिया
तभी सम्मान और आदर दे रहे, शायद सीता के लिए इन्हें चुना।

किसी ने कहा, राजा हैं होनिहार वश अपने हठ नहीं छोड़ेंगे
इन कोमल हाथों में जनकपति, क्या कठोर शिव धनुष दे देंगे
सभी सखियां प्रेममय मगन होकर प्रभु से करने लगीं प्रार्थना
ऐसा कुछ संयोग बना दे प्रभु कि मिट जाए सभी प्रवंचना।

दैवयोग को कौन जानता ; क्या होगा कोई कैसे कह सकता
ये दृष्टि में तो हैं कोमल परंतु इनके कर्मों की है बड़ी महत्ता
हम सब मन में धीरज धारण कर ईश्वर को यही मनाएंगे
अहिल्या तर गई जिस चरण-रज से, वही शिव-धनुष भी तोड़ेंगे।

जिस ब्रह्मा ने सीता को रचा है उसीने श्यामल वर भी रचा है
छोटे से दिखने वालों का जगत में सदा बड़ा प्रभाव होता है
ऐसा विचार कर सारी स्त्रियां तन - मन से हुई आनंद मगन
जिधर से भी दोनों भाई गुजरते छा जाता परम ब्रह्म आनंद।

दोनों भाई घूमते-घूमते पहुंचे मिथिला नगरी की पूरब ओर

वहीं धनुष-यज्ञ की रंगभूमि बनी थी जिसे देख हुए विभोर

रंग भूमि के चारों ओर सुन्दर- सुन्दर स्वर्ण मंच बने थे

उनपर जरियों वाले उत्तम आसन राजाओं के लिए बिछे थे।

आगे सुंदर मंच लगे थे जो नगर वासियों के बैठने के थे

वहीं एक विशाल कमरा था वह स्त्रियों के लिए बने थे

मिथिला के कुछ बालकों ने इन्हें, यज्ञ की रंगभूमि दिखाई

उन्हीं बालकों ने उनसे मिथिला की कुछ रीति बताई।

बातें करने के बहाने ये सब बालक राम को स्पर्श करते थे

उनके कोमल अंगों को छू-छू कर हृदय में आनंदित होते थे

सब जगह घूम- घूम दोनों भाई ने मिथिला की की खूब प्रशंसा

बालकों की राम लक्ष्मण से मैत्री करने की पूरी होती थी मंशा।

पलक झपकते जो पूरे ब्रहमाण्डों की कर सकते हैं रचना

वही राम खुश हो-हो कर बालक संग दिखाते थे प्रवंचना

सृष्टि के मालिक ही जब इस जगत को जगमग कर रहे थे

अनुपम लीला कर के वे देवतावों को भी भरमा रहे थे।

धनुष यज्ञ की रचना देख दोनों भाई लौट गए गुरु के पास

कहीं विलम्ब न हो जाए, श्री राम गुरु भय से थे हतास

दोनों गुरु चरणों में आ बैठे भय, प्रेम, विनय, संकोच लिए,

मुनि उन्हें अपने गले लगाकर मन- ही- मन में पुलकित हुए।

जिन चरणों के दर्शन पाने ऋषि, मुनि, योगी सब तप करते
वही प्रभु अपने अनुज सहित नित्य गुरु के चरण दबाते रहते
गुरु के बार-बार आज्ञा देने पर श्री रघुनाथ शयन करने जाते
लक्ष्मण आकर प्रेम सहित तब अपने भ्राता के चरण दबाते।

प्रभु के पैर दबाकर लक्ष्मण स्नेह प्रेम अपने हृदय में भरते
राम के बारम्बार कहे जाने पर ही वे शयन करने को जाते
गुरु के जागने के पहले ही नित्य श्री राम जग जाते
नित्य क्रिया कर दोनों भाई आ पहले गुरु को शीश नवाते।

गुरु के आशीर्वाद ले दोनों फूल चुनने पुष्प-वाटिका आए
अतुलनीय पुष्प-वाटिका की शोभा देख उनके हृदय बड़े हर्षाए
बाग में जाकर दोनों भाई ने मिथिला का पावन उपवन देखा
जहां सिमट गई थी मानो मिथिला की सारी अनुपम सुंदरता।

रंग,-बिरंगी कुसुम -लताओं के उत्तम मंडप सज रहे थे
फलों- फूलों के लदे बृक्षों से कल्पबृक्ष भी सहमे हुए थे
पंख फैला- फैला कर सुंदर नाच कर रहे थे मगन मोर
मीठी बोली बोल बोल कर गा रहे थे पपीहे, कोयल, चकोर।

मणियों की सीढ़ियों से सज्जित निर्मल सरोवर लहराते थे
उनके अंदर रंग-बिरंगे अद्भुत कमल खिले हुए थे
जल पक्षी अपने पर फैला तैर-तैर मधुर कलरव करते थे
भ्रमर कमलों से निकल कर जी भर-भर मधु पीते थे।

यह रमणीय बाग -सरोवर देख रघुनाथजी बड़ा हर्षित थे
और उनकी देख प्रसन्नता लक्ष्मण जी भी विस्मृत थे
माली की आज्ञा ले दोनों भाईयों ने बागों में किया प्रवेश
उधर गौरी पूजन करने माता ने सीता को भी दिया भेज।

सरोवर के ही निकट था गिरिजा मां का मंदिर भव्य
सखियों सहित सीता वहां पहुंचीं गौरी पूजन को तत्पर
सीता ने गौरी को प्रणाम कर मांगा अपने मनोनुकूल वर
एक सखी ने देखा उपवन में श्रीराम, की पहली झलक।

उसे देखते ही उस सखी के दोनों नेत्रों में जल उमड़ आया
प्रेम वश हो उस सखी ने राम को सीता के योग्य समझा
वाणि को नेत्र नहीं होती, न ही होती नयनों को वाणी
ब्याकुल हो बोली तुमसे कैसे कुछ कहुं कहो हे सखी, सयानी।

देखो उपवन में आए हैं दो सलोना सुंदर सुकुमार कुवंर
एक सांवले हैं दूजे हैं गोरे, है इनका अपार रूप सौन्दर्य
यह दोनों बालक लगते हैं, मानो रूप और रसों की खान
मिथिला वासी सर्वत्र कर रहे हैं इनके ही सौंदर्य बखान।

इस सौंदर्य की चर्चा सुन सीता का भी मन मोहित हुआ
एक नज़र दर्शन पाने को इनका मन भी बेचैन हुआ
मृगछौनी सी वैदेही की नजरें इधर उधर ताकने लगी
उनकी छबि की ललक लिए मन में प्रीति उमड़ पड़ी।

शिव- धनुष प्रत्यंचा की सुध कर उनके मन में खेद हुआ
तभी नारद के वचन याद कर मन को कुछ धीरज हुआ
सीता चाल से जो फूट रहे थे मधुर-स्वर कड़े पाजेब के
राम लक्ष्मण ने यह ध्वनि सुनी तो हृदय झंकृत हुए उनके।

पाजेब की रुनझुन ध्वनि कानों में अमृत वर्षा करने लगीं
यह ध्वनि किधर से आई दोनों की नजरें घूम ढूंढ़ने लगीं
लगा कहीं कामदेव तो नहीं कर रहे अपने नगाड़े की चोट
तभी वातावरण में इतनी मादक मधुर संगीत है रही फूट।

तब राम ने जो घुमाया मुखड़ा उनके नेत्र बन गए चकोर
सामने सीता का मुख-चन्द्र देखा मन-ही-मन वे हुए विभोर
जानकी की नजरें भी जो पुरुष सिंह रघुनाथ से मिली
हृदय की धड़कन तेज हुई नयना पलक गिराना भूल गयी।

इस क्षण इन दोनों की शोभा इतनी लग रही थी अपूर्व
ये श्रेष्ठ मुर्ति गढ़ कर ब्रह्मा मानो बन गए हों समझो निपुण
सीता की इस अनुपम सुंदरता की क्या लौकिक तुलना हो
सुंदरता रूपी घर में ही जब जल उठी हो दीपक की लौ।

सीता की यह अनुपम सुंदरता देख श्री राम लक्ष्मण से बोले
पर कुछ कहते ही श्री राम अपने मन-ही-मन में डोले
हे लक्ष्मण, यह कन्या निश्चय ही जनकपुर दुलारी जानकी है
तभी जग मग कर फुलवारी को माता गौरी पूजने आयी है।

इसी सौन्दर्यमयी कन्या के लिए राजा जनक ने स्वयंवर रचा है
यही जगत- जननी- कल्याणी पुण्यमयी, जनक दुलारी सीता है
इनके रुप देखते ही हे लक्ष्मण, मेरा मन हो रहा उद्विग्न
और मंगल दायक मेरा दाहिना अंग फड़क रहा है अविछिन्न।

रघुवंशी कभी कुमार्ग पर चले यह तो अपनी परंपरा नहीं
और मेरी नजर पराई स्त्री पर पड़ी मन में विश्वास होता नहीं
मुझे कुछ समझ न आ रहा ईश्वर ही जाने इसका कारण
मेरे मन में आज भला क्यों हो रहा है ऐसा भ्रम।

रघुवंशी के संस्कार की जगत में सभी प्रसंशा करते हैं
रघुकुल तो सदा हैं धर्म आदर्श रक्षक सभी लोहा मानते हैं
पर मेरा मन हो रहा आज क्यों उद्वेलित इसे मैं क्या जानूं
सीता का रूप आकर्षित कर रहा, मन को कैसे समझाऊं।

सीता का भी यही हाल था वे अपनी नजरें जिधर घुमातीं
उनकी भी नजरें श्यामल गौर दोनों कुमारों को ही खोजती
तभी श्याम गौर कुमारों को सखि ने लताओट से दिखलाया
उन्हें देखते ही सीता की नज़रों ने जैसे उन्हें पहचान लिया।

उनकी पलकें गिरना भूल गयी नेत्र हो गए निस्तब्ध निश्चल
दिल की धड़कन तेज हो गई और तन मन हो गए विह्वल
मानो शरद ऋतु के चांद को प्यासे चकोर ने हो देख लिया
सीता का मन भी कुछ ऐसे ही उद्वेलित हो रहा था भरमा।

रूप राम हृदय में बसाये किंकर्तव्य सी हुई उनकी अवस्था
कैसे मन को वश में रक्खे उनकी तो बढ़ गई है तितिक्षा
उसी समय वे दोनों मनोहारी कुंवर लता ओट से प्रकट हुए
मानो दो- दो निर्मल शुभ्र चंद्र बादल ओट से निकल पड़े।

दोनों कुंवर के तन की शोभा, जैसे नीले- पीले पद्म खिले हों
नयनों की सुन्दरता ऐसी लगती गहरे झील में नीर भरे हों
कानों में झूल रहे थे कुण्डल टेढ़ी भौंहे, थे काले घुंघराले बाल
पसीने की बूंदें तन पर चमक रही थी, थी चौड़ी उन्नत भाल।

ठोढ़ी, नाक और सुन्दर गाल हंसी तो जैसे मन मोहिनी जाल
मुख छबि का क्या वर्णन जिस पर कामदेव भी हों निहाल
वक्षस्थल पर मणियों की माला शंख समान है सुडौल गला
हाथों में शोभित फूलों का दोना झलके श्याम कुंवर सलोना।

केसरी जैसी पतली उनकी कमर शोभे उनपर झलमल पीतांबर
शोभा, शील, शौर्य कुल के भूषण इन पर तो सौंदर्य निछावर
एक सखी सीता का हाथ पकड़ बोली, उनको धीरज दे कर
पार्वती का ध्यान फिर कर लेना देख ले जी भर श्याम कुंवर।

सीता ने नेत्र खोले सकुचा कर सामने देखा दोनों अनूप कुंवर
उनका मन बड़ा क्षुब्ध हो उठा पुनः पिता के प्रण याद कर
सीता को ऐसे प्रेम वश देख विचलित हुई उनकी सारी सखियां
राजा के प्रण याद आए सबको जो अटल लेख सम थी भ्रांतियाँ।

शिव का है धनुष कठोर भला सुकुमार राम कैसे तोड़ेंगे

श्यामल, कोमल रूप देख क्या जनक जी अपना प्रण छोड़ेंगे

पिता के प्रण याद कर सीता को पहली बार अफसोस हुआ

पर राम के बल शौर्य पौरुष जान मन को कुछ संतोष हुआ।

उनके बल का अनुमान लगा राम को हृदय में किया धारण

राम के पुरुषार्थ कीर्ति सुन नारद के बचन का हुआ स्मरण

तब सीता ने खुश होकर जगन्माता पार्वती की बंदना की

राम ही उनके वर बनें सदा ऐसी जगदम्बा से प्रार्थना की।

हे पार्वती आपकी जय हो, आप चकोरी शिव मुख चंद्रमा की

माता हो गजाणन, षडाणन की, हे जग जननी, जय हो आपकी

हे मां तेरा न आदि न अवसान तुम हो बिजली सी द्युतिमान

हे शिवप्रिया, मुंह मांगा वर देने वाली, तेरी कीर्ति बड़ी महान।

संसार की उत्पत्ति, पालन, नाशक पूजन से सुखी देव, मनुज, दानव

सभी को सुख देने वाली जय, जय हो, जय हो, हे जननी जय हो

हे देवी तू सारी स्त्रियों में श्रेष्ठ कहलाती पति को इष्ट देव मानती

मुंह मांगा वर सबको दे, हे जननी, शिव संग शिवानी कहलाती।

हे शिव प्रिया, गजानन माता, तेरी सेवा से देव मुनि सुख पाते

कहलाती कल्याणी, तेरे शुभ कर्मों की गाथा शेष न बखान पाते

कौन छुपा सकता अपना मन तुमसे सबके हृदय मां तेरा वास

तू मनोरथ जानती हे उमा, मुझको है तेरे ही चरणों की आश।

राम प्रेम मेरे हृदय में भर रहा लागी न छूटे अब इस मन से
वैदेही विनयवश हुईं पार्वती ,गले की माला सरके उनके
इस माला को तुरत सीता ने अपने मस्तक पर किया धारण
पुनः आश्वस्त हो, प्रसन्न हृदय से, किया शत- शत बार नमन।

पार्वती ने उन्हें दिया आशीर्वाद पूरी होगी तेरी अब तक की आश
सदा सत्य वचन होते नारद के, वर्षों पहले कहा था राजा जनक से
जो इस पवित्र पावन शिव-धनुष की प्रत्यंचा जगत में चढ़ायेगा
वही देव, दानव उद्धारक, जगत का तारक, विष्णु रूप कहलाएगा।

तभी तेरा मन जिसमें हुआ अनुरक्त वही शिव भक्त जानो तेरा वर
यही श्यामल राम सर्वज्ञ हैं, दयालु हैं, यही कोमल, श्यामल विष्णु हैं
तुम अपनी सखियों संग हे जानकी, अब राज महल जाओ
राजा के सब धर्म नियम निभाकर जनक आज्ञा को स्वीकार करो।

मेरा आशिर्वाद सदा है तेरे संग तुम त्यागो अपने मन के सारे भ्रम
सीता के मन में भरा हर्ष आनंद, सुन कर गौरी के मनोनुकूल वचन
राम रूप हृदय में स्मरण कर लगा जोर से हृदय धड़कने
तत्क्षण शुभ लक्षण सब प्रकट हुआ उनके बायां अंग लगे फड़कने।
जय जानकी

4

धनुष भंग

शिव धनुष जो संसार में सबके लिए कठिन कठोर था। जिसके ऊपर पाप पुण्य मान अपमान जय पराजय निर्भर था। यह एक ऐसा धनुष था जिसे तोड़ पाना तो दूर छू पाना भी सबके वश की बात नहीं थी। यह पहिचान था जो विष्णु रूप होंगे वही यह धनुष तोड़ जानकी का वरन करेंगे। अब समझें –हमारे अंदर ऐसे ऐसे धनुष कठोर, काम, क्रोध, मद, लोभ मान अपमान भरे पड़े हैं जिसे तोड़ पाना जन साधारण की बात नहीं है। इन सब का वंधन वही तोड़ पाता है, जो आत्म चिंतक, आत्म विश्लेषक ज्ञानी पुरुष होते हैं। इसे तोड़ना तो बहुत लोग चाहते है, सभी यह जानते हैं यह सब माया है, झूठ है, इसको अवश्य तोड़ना चाहिए। मुक्ति रूपी जानकी को भला कौन नहीं पाना चाहेगा, परंतु जिसमें सामर्थ्य होता है वही विष्णु का पर्याय कहला सकता है।

सीता हर्षित हुई हृदय में पार्वती को अपने हित जान

बांये अंग उनके लगे फड़कने मंगलता का हुआ भान।

सरल स्वभाव दोनों भाई पहुंचे अपने गुरु के पास

छलहीन राम ने कहा दी गुरु से सब अपने मन की बात।

सकल मनोरथ पूर्ण हों तुम्हारे, गुरु ने दिया अषीश

भोजनोपरान्त गुरु ने जो कहे सुना दोनों ने झुका शीष।

संध्या समय में चंद्रमा देख राम का मन हुआ द्रवीत

सीता का मुख- चंद्र हो जैसे मन में उनको हुआ प्रतीत।

राम ने सोचा चंद्रमा की शोभा सीता मुख-चंद्र से कम है
इस धवल चंद्र की आभा से सीता का मुख उज्ज्वल है।
हे चंद्र, तुझमें अनेक हैं अवगुण रोज तू घटता-बढ़ता है
विरहिणी को दुख देने वाला कमल को भी मुरझा देता है।

सीता मुख हे चंद्र तुझसे सुंदर है, उनसे तेरी तुलना क्या
चकवे चकवी को वियोग देता और राहू तुझको ग्रस लेता।
मुनि को प्रणाम करने के बाद राम ने लक्ष्मण से यों कहा,
हे भाई संसार, चकवा, का सुखदायक अरुणोदय हुआ।

तब लक्ष्मण मन ही मन सकुचा कर हाथ जोड़ कर यूं बोले,
अरुणोदय से कुमुदिनी सकुचाई हे भ्राता, मद्दिम सब तारे हुए।
आपको देख हे भाई, ऐसे ही सारे राजाओं के बल हीन हुए
अरुणोदय होने से जैसे मानो सारे तारे चाँद फीके पड़ गए।

जैसे सारे तारे एक साथ मिलकर भी अंधकार नहीं भगा सकते
ऐसे ही सब राजे मिलकर अंधकार सम धनुष नहीं हिला सकते।
हे प्रभो, आपके सारे अनुरक्त धनुष के टूटने से होंगे सुखी
पर चंद्र के नष्ट होने से कुमुदिनी, तारे (दुष्ट मंडली) होंगे दुखी।

धनुष टुटने के ही बहाने आपके मन का अरुणोदय होगा
आपकी महिमा, आपके बल, सब इस जगत में प्रकट होगा।
हे प्रभो, जनक सभा में आप रुपी सूर्य, उजाला करने आए हैं
प्रभू प्रकाश बिना सारा जगत अंधकार है, यही बताने आए हैं।

भाई के ऐसे प्रिय वचन सुन राम मन-ही-मन में मुस्काए
प्रात: नित्य क्रिया करके उन दोनों ने गुरु को शीश नवाए।
राजा जनक के संदेशा लेकर तभी शतानंद जी वहाँ आए
गुरु के पास बैठने से पहले रामने, शतानंद को शीश झुकाए।

विश्वामित्र जी ने तब राम से शतानंद जी का परिचय दिया
और कहा, चलो अब दोनों भाई जनक का संदेशा आया।
हमसब सीता का स्वयंवर चल देखें, कौन धनुष तोड़ेगा
लक्ष्मण बोले, प्रभू जिस पर आप कृपा करोगे, वही बड़ाई पाएगा।

मुनि हृदय में बड़े हुए आनंदित सुन लक्ष्मण की उचित वाणी
दोनों को अशीष दे मुनि ने मन में जाना, राम ही तो धनुष-पाणी।
नगर वासियों ने जैसे ही सुनी यज्ञशाला पहुंच गए दोनों भाई
सारे काम काज छोड़ कर दौड़े सब की सुध- बुध विसराई।

भीड़ जमती देख राजा ने तत्क्षण अपने सैनिकों को दिया आदेश
सबको यथायोग्य उचित आसन मिले किसी को न हो जरा क्लेश।
उत्तम, मध्यम, नीच, लघु सबको मिला यथावत सम्मान
सैनिकों ने आज्ञा पाकर सभी नगरवासी को दिया उचित स्थान।

उसी समय यज्ञ शाला पहुंचे राम, लक्ष्मण दोनों कुंवर
सबको लगा जैसे शरीर धारण कर आ गया स्वयं सौंदर्य।
राजाओं के मध्य इनकी शोभा मानो तालाब में चमकते चंद्रमा
सबने जी भर देखी प्रभू की मूर्ति जिनकी थी जैसी भावना।

राजाओं ने राम को देखा जैसे वीर-रस ने किया हो श्रृंगार
राक्षस जो राजाओं के मध्य थे उनको दीखे राम कालावतार।
कुटिल राजाओं के नेत्रों ने पाया प्रभु के भयानक रूप दर्शन
स्त्रियों को इच्छानुसार प्रभु के, श्रींगार- रस का हुआ अवलोकन।

विद्जनों को विराट् रूप, सगे कुटुम्बियों को निज परिवार लगे
राजा जनक को रानियों संबंधियों सहित निज पुत्रवत् भाव लगे।
योगियों ऋषियों को शांत, शुद्ध, स्वत:- प्रकाश परम तत्त्व दीखे
भक्तों ने निज इष्ट देव सम प्रभु के रूप के पहचाना किये।

और क्या कहें सीता के मन ने, राम को स्नेह-सुख का समुद्र माने
सभा में दोनों भाई शरद ऋतु पूर्णिमा के चाँद सम शोभित थे।
सारे राजायें नगर के स्त्री पुरुष के हृदय सहित, प्रकृति को भी
अपने सौन्दर्य से शरद पूर्णिमा चंद्र बन मोहित कर रहे थे।

कामदेव मन हरने वाले दोनों कुंवर के रूप सौन्दर्य अपार
लाल होंठ उन्नत ठोढ़ी थी, सिर पर थे काले घुंघराले बाल।
टेढ़ी भौंहें, नासिका मनोहर गले में वैयजन्ती तुलसी माला
कानों में कुण्डल, बृषभ सम कंथे सिंह जैसे दिखने वाला।

लाल अधर पर मधुर मुस्कान, चपलता गति पर केसरी निहाल
कामदेव स्वयं रति संग थे मोहित, ऐसा इनका सौंदर्य अपार।
कंधे पर शोभित यज्ञोपवीत, तन पर झिलमिल रेशमी पीतांबर
हाथों में धनुष, कमर में तरकस, झलक रहे थे अंग- अंग सुन्दर।

दोनों अपूर्व भाइयों को देख मिथिलपती जनक हुए अति प्रसन्न
पकड़ लिया तब जाकर उन्होंने प्रगाढ़ प्रेम से मुनि के दोनों चरण।
सारे आगंतुकों की विनती कर राजा ने सभी को यज्ञशाला दिखलाई
पर सब नजरें घूम रही थीं जिधर जाते राम लक्ष्मण दोनों भाई।

सब लोगों ने जिधर देखा राम मुख को अपने मुख की ही ओर दखा
यह कैसे संभव हुआ इसे न कोई जान सकता न जान सका।
सब मंचों में एक विशद् मंच था, जिस पर बैठे मुनि संग दोनों कुंवर
सभा भवन में प्रभु दीखते थे उपवन में झलके जैसे चाँद निर्मल।

प्रभु रघुवीर को देखते ही सारे राजे हो रहे थे अपार उत्साह हीन
अवश्य प्रभु ही धनुष तोड़ेंगे सब ने यही सोचा हो संशय विहीन।
कुछ लोगों ने सोचा धनुष तोड़े बिना भी सीता राम को ही वरेगी,
अभिमानियों ने सोचा धनुष तोड़ने पर भी सीता राम को नहीं मिलेगी।

कुछ बोले, राम का वरण होने पर भी सीता वास्ते हम काल से लड़ेंगे
कुछ बुद्धिमान भक्तों ने कहा राम ही धनुष तोड़ सीता का वरन करेंगे।
कुछ तर्कशील सब समझ बूझ बोले, तुम सब ब्यर्थ मत बजाओ गाल
मन में मोदक खा खा कर रे अभागो अपनी झूठी मत मिटाओ प्यास।

कुछ ने दिया उपदेश --राम को परमेश्वर सीता को जगतजननी जानो
ऐसा कह सब प्रेम मगन हुवे और अपलक राम को लगे निहारने।
गगन पर से अपने विमान चढ़ देवता भी लगे पुष्पों की वर्षा करने
तभी शुभ मुहूर्त जान यज्ञ-मंडप में सीता को बुलवाया जनक जी ने।

सुंदर सुंदर सखियों सब ने मिल सीता को श्रींगार कर मंडप में लाया

सीता की अनुपमित सुंदरता थी जिसकी उपमा क्या कोई दे भला।

किसके संग इनकी तुलना हो सकती ये तो स्वयं ही हैं अनुपमीत

इस सौन्दर्य को इंद्रिय क्या कहे जिनका सब इंद्रिय है इंद्रियातीत।

यदि छबि रूपी अमृत के समुद्र हो और परम रुपमय कच्छप हो

शोभा रूपी रस्सी लेकर यदि स्वयं कामदेव रूप समुद्र मथते हों।

इस मंथन के उपरांत यदि कोई इकलौता सौन्दर्य निकल पाए

तब इस सुंदरता की तुलना सीता रूप से संकोच पूर्वक हो पाए।

कौन इनकी तुलना कर सकता जगजननी की छबि अतुलनीय

उनके कर्पूर गौर शरीर पर नवल रेशमी साड़ी शोभित रमणीय।

मुनि संग दोनों भाईयों को देख सीता प्रसन्न राम को लगी देखने

उनकी नजर टिकी राम पर देख सारे सब्दक्त हुवे अनुरक्त उनके।

सब इष्ट से करने लगे प्रार्थना तभी राजा ने की अपने प्रण की घोषणा

तीनों लोकों के विजय साथ जो यह पुण्य शिव-धनुष तोड़ेंगे पुण्यवान।

राजा ने सीता को देख फिर राम पर अपनी नजर टिका कर कहा—

राजकुमारी जानकी का वही वरन करेंगे, जगविख्यात है प्रण मेरा।

राजाऐं सब उत्साहित होकर धनुष तोड़ने पहुंचे शिव-धनुष के पास

पर धनुष कोई भी बाल भर न हिला पाये लौटे सब हो कर निराश।

सभी तेज युक्त, प्रतापी, महान जो जितने थे अतुलित बलवान

कोई धनुष हिला न पाये किसीको न मिली यश, न रहा कुछ मान।

अंत में राजा जनक हुए बड़े दुखी, जितने आए थे राजा यक्ष, गंधर्व,
किसीसे उनकी आश न पूरी, राजा सभी को देख हुवे निष्फल।
धरती को वीर-हीन कह बोले धनुष तोड़ने वाले वीर ब्रह्मा ने नहीं रचा
सारे वीर वापस अपने देश, घर, जाएं जानकी विवाह नहीं है लिखा।

जनक की बातें सुनते ही सब हुए दुखी पर लक्ष्मण बोले क्रोध भर कर
पृथ्वी है वीर- हीन नहीं गुस्से में भर वे बोले, अपनी भौंहें टेढ़ी कर।
जिस सभा में स्वयं रघुवीर खड़े हों वहाँ ऐसी बातें नही की जाती
सूर्यवंशी के होते हुए हे राजन, आपने बातें विचार कर नहीं कही।

यदि आप आज्ञा दें गुरुवर इस धनुष को कमलनाल सा तोड़ूं
यह तो एक जीर्ण धनुष ही है पृथ्वी को भी कन्दक सा उछाल दूँ।
लक्ष्मण की क्रोधित वाणी सुनते ही लगी धरती डगमग कर डोलने
जितने राजे, सभासद थे डर गये, चारों दिशाएं लगी थर-थर कांपने।

मुनि विश्वामित्र ने तब शुभ घड़ी समझ तुरत राम को दी आज्ञा
राम तुम जाकर धनुष तोड़ो और हरण करो जनक की प्रवंचना।
गुरु के प्रेम भरे वचन सुन श्री राम ने मुनि को अपने शीश नवाए
हर्ष, विषाद, भय, राग त्याग कर वे शुद्ध शान्त चित्त मंच पर आए।

राम के मंच पर आते ही जैसे दिन में तारे, सारे दुष्ट राजाएं छिप गये
और मुनि, देवता, नर, अग जग सभी प्रसन्न-चित्त, शोक रहित हो गये।
राज भवन के सभी नर- नारी ने अपने- अपने ईष्टदेव मनाए
सब ने सोचा राम ही अब धनुष तोड़े राजा जनक के क्लेश मिटाए।

सीता की मां सुनैना बोलीं रोकर मुनि को कोई क्यों नहीं समझता
यह धनुष कोई धनुष नहीं है, यह तो है शिव के पुण्य और कठोरता।
महाबली रावणऔर वाणासुर भी जिस धनुष को छू कर भयभीत हुआ
वही पराक्रमी धनुष इस बालक को देना कैसे कोई उचित कहे भला।

सूर्य देखने में तो सदा छोटे ही लगते, बोली एक सखी सयानी
पर प्रकाश सारे जग में फैलाते तुम सोच त्यागो जनक की रानी।
सदा ही मतवाले हाथी को एक छोटा अंकुश ही वश करता
रति पति कामदेव अपने पुष्प- धनुष ले सारे जग को भटका देता।

श्रीराम रघुवीर के बल- पौरुष की तुम किसके संग करती तुलना
ताड़का, सुबाहु का उद्धार किया और अहिल्या की गति को सबने जाना।
राम चंद्र अवश्य ही धनुष तोड़ेंगे हम सब मिलकर कुशल मनाओ
जनक दुलारी वैदेही सीता को राम वर मिले ऐसा हमसब मंगल गाओ।

सीता भी मन ही मन भयभीत हो श्री राम चंद्र को लगी देखने
गणपति को मन में पुकार कर जनक दुलारी जगदंबा को लगी मनाने।
राम धनुष को तोड़ सके बस हे सब देवता, यही सुन लें प्रार्थना
हे गणपति, हरो कष्ट, हे शंकर तुम धनुष भार कम कर दो अपना।

राम ने चुपचाप सीता को भयभीत देख फिर धनुष को ऐसे देखा
जैसे मानो गरुड ने देखा हो कहीं पर एक छोटा सा सर्प बैठा।
सोचा, सीता बहुत डरी हुई है अब विलंम्ब करना उचित न होगा
कृषक की खेती सूख जाने पर वारिश पड़ने से क्या लाभ होगा।

राम को धनुष छूते देख, लक्ष्मणजी पग से धरती को दबाकर बोले
श्रीराम धनुष तोड़ेंगे अब अपना भार सम्भालो देखो पृथ्वी न डोले।
हे दिग्गज, हे वराह, हे कच्छप धैर्यपूर्वक सब पृथ्वी को पकड़ो थामो
धनुष उठाते ही पृथ्वी जोर से कांपेगी तुम सब मेरी आज्ञा मानो।

देखो राम पहुँच गये धनुष के पास, यह धनुष है सब का संशय, अज्ञान
परशुराम जी का यह धनुष है गर्व, बुद्धिहीनों का यह है अभिमान।
यह सीता की सोच, मुनियों काअनुताप, राजा जनक का है पश्चाताप
इस धनुष पर चढ़ कर सब जा सकते हैं इस भव सागर के पार।

राम के बल रूपी समुद्र में राम को छोड़ न होता कोई तारणहार
इधर राम ने सीता को ब्याकुल देखा, उनके दुख का न था पारावार।
राम का क्षण - क्षण एक कल्प सम बीता, वे मन में गुरु को कर प्रणाम
और दशरथ कुमार ने अपने हाथों में शिव- धनुष को लिया थाम।

धनुष के उठाते ही पूरेआकाश में बिजली सी चमक कौंध उठी
लगा आकाश मंडलाकार हो गया सभी की भौंहें तन गई।
किसी को कुछ भी नजर न आया धनुष लेते, चढ़ाते, खींचते
अचानक राम ने यह पावन धनुष तोड़ डाले सबकी रुक गई सांसें।

धनुष टूटते ही टूटने के कठोर शब्द तीनों लोकों में गूंज उठा
कानें बंद हो गई सभी की ऐसा घनघोर शब्द फूटा।
मनुज, देवता, धरती, कच्छप, वराह सभी कलमला उठे
श्री राम चन्द्र की जय, जय, जय, जय सब प्राणी कहने लगे।

शिवजी का धनुष जहाज था तो राम- भुजाओं का बल था समुद्र
जो जितने इस पर जहां सवार थे, टूटते ही धनुष सब गये डूब।
ढोल - नगाड़े बजने लगे देवांगनाएं करने लगीं नृत्य
यश आशीर्वाद सब देने लगे जितने ब्रह्मा, देवता, मुनि सिद्ध।

श्रीराम चंद्र और धनुष के गुणों की तीनों लोकों में मच गई पुकार
तीनों लोक खुशियां छाई ब्रह्माण्ड भरी राम की जय.-जय कार।
भेरी, ढोल, नगाड़े, झांझ लगे बजने ; बजने लगे मृदंग, शहनाई
अप्सराएं नृत्य करने लगी सब युवतियों ने मिलकर मंगल गाई।

सब रानियां सखी संग हर्षित हुई राजा जनकजी हुए अति प्रसन्न
वहाँ जो दुष्ट राजायें जितने थे, धनुष टूटते ही रह गए सन्न।
अमंगल कामनाएं ऐसी निस्तेज हुईं;सूर्य प्रकाश में जैसे लौ दीपक की,
अज्ञानियों को मिली अग्नि शिखा और ज्ञानियों को मिली प्रेम की बाती।

अपनी सुघड़ सखियों संग सीता हाथ में जयमाल लिए हुई शोभित
सुनयना का मन अँगोपांग स्नेह, प्यार, और संतोष से हुआ पूरित।
सीता के अंतर्मन का प्रेम, संकोच, उत्साह सभी कुछ हो गए प्रकट
राम के मुख सरोज पर भी झलके प्रेम की निर्मल लालसा उत्कट।

सीता अपने मन में प्रेम लिए और हाथों में लिए जयमाला
राम गले में जयमाल डालकर पूर्ण समर्पित हुई जानकी जनक बाला।
श्रीरघुवीर के गले जयमाला देख सभी देवता लगे पुष्प बरसाने
देव, मनुज, दिक्पाल, किन्नर, कच्छप, नाग सब जय -जयकार लगे करने।

दिव्य पुरुषोत्तम राम और महालक्ष्मी सीता की जोड़ी शोभित हुई ऐसे
सौंदर्य और श्रृंगार स्वयं ही सब मर्यादा छोड़ एक-साथ जुड़ गये हों जैसे।
सखियां राम के चरण छूने को कहतीं पर सीता से छूते नहीं बनता
लज्जा, संकोच, प्रेमवश होकर सीता का मन जो था हिलता- डुलता।

सीता का सौन्दर्य देख कुछ दुष्ट राजाऐं मिल लगे करने कुमंत्रणा
इनका मन जो न था वश में रूप सौन्दर्य से प्रेरित हुई थी वासना।
वे कहने लगे, दोनों राजकुमार भाईयों को जीत, लेते हैं सीता को छीन
अरे अभागो, धनुष-भंग के साथ ही तो तेरे सब बल-पौरुष हो गये क्षीण।

क्या गाल बजाते हो अब मिल मुख पर तेरे बल ने कालिख दी है पोत
तुम सब के बल को सबने देखा, अब ब्यर्थ मत तू लगा होड़।
यह तो हुआ वैसा ही जैसे किसी सिंह का भाग चाहे खरगोश
बिना कारण क्रोध न करो तुम सब न करो राम से कोई प्रतिशोध।

उनकी ऐसी निर्लज्ज बातें सुन सौमित्र लक्ष्मण के भड़क उठे क्रोध
जैसे मतवाले हाथियों के झुंड पर क्रोधित हुआ कोई सिंह किशोर।
तभी धनुष टूटने की खबर पा आ पहुंचे भृगुकुल मणि परशुराम
उन्हें देखते ही सारे राजाएं भूल गएअपने- अपने नाम धाम काम।

सिर पर जटा सुन्दर तेज पुर्ण मुख क्रोध से हो रहा था लाल
क्रोधित आंखें, टेढ़ी भौंहें उनकी थी चौड़ी छाती, भुजा विशाल।
कमर में शोभित मुनियों के वस्त्र, उस पर बंधे हुए दो तरकस
हाथ में फरसा, कंधे पर यज्ञोपवीत पीठ पर धनुष थे कसमस।

शांत वेश करनी कठोर देखते ही सारे राजे तुरत दिखने लगे सहमे

निज- निज पिता सहित नाम कह - कह झटपट प्रणाम किए सबने।

जनकजी ने जानकी को बुलाकर भृगुपति चरणों में करवाया प्रणाम

विश्वामित्रजी के कहने पर तुरत चरण छुये मिल लक्ष्मण राम।

इस सौन्दर्य को देख अनंग के मद मिट जाए, राम देख सोचे परशुराम

तब विश्वामित्र ने परिचय दिया, हे मुने, ये दशरथ के बेटे राम, लक्ष्मण नाम।

परशुराम ने फिर पूछा जनक से हे राजन कहो, यहां कैसी है भीड़

जिस कारण सब राजे आए थे मिथिलपती ने बताए धर कर धीर।

तभी टूटे हुए धनुष के टुकड़े देख बड़े क्रोधित हो बोले परशुराम

किसने यह धनुष तोड़ा बतलाओ मिटा दूं मैं उसका अभिमान।

सुनते ही राजा हुए भयभीत, मुंह से उनके कुछ बोल न निकली

रानी सुनयना विकल हो उठीं हे विधाता, अब बनी बात क्यों बिगाड़ दी।

तब राम अपने शीश झुका कर मनुहार किया मुनि की आज्ञा लेकर

हे नाथ, शिव - धनुष तोड़ने वाला, होगा कोई आपका ही किंकर।

सेवक वहीं होता है जो सेवा करे परशुराम बोले तब क्रोधित हो कर

कौन इस चराचर जगत में है बोलो, जो नहीं मुझसे भागे डर कर।

जिसने भी धनुष को तोड़ा है वह तुरत झुंड छोड़ अलग हो जाए

वरना मैं सच- ही -सच कहता हूं, सारे राजे अभी यहीं जाएंगे मारे।

भृगुपति की ऐसी बातें सुनकर लक्ष्मण जी तब मुस्काकर यों बोले

किसीने कभी ऐसा क्रोध न किया बचपन में जाने कितने धनुष तोड़े।

इसी धनुष पर इतनी ममता क्यों इसमें क्या कुछ राज है सांई
धनुष क्या यह अन्य धनुष समान है, गुर्राकर बोले परशुराम गोसांई।
जिसने भी इस धनुष को तोड़ा है वह रिपु बना है भृगुवंशी का
अभी मजा चखाता हूं, रे दुश्मन, वह कहां छिपा अब तक है बैठा।

लक्ष्मण बोले, हे देव, इस धनुष को तोड़ने से क्या लाभ क्या है हानि
छूते ही टूट गया धनुष पुराना ; यह धनुष तो नहीं है सारंगपाणि।
इस धनुष से इतनी आशक्ति क्यों आप तो स्वयं हो ब्रह्म के ज्ञाता
ऋषि मुनि तो देव तुल्य होते हैं क्रोध भला उन्हें है क्योंकर आता।

भृगुपति बोले चिल्लाकर मूर्ख क्या तू मुझे सिर्फ मुनि ही समझता
मैं बाल ब्रह्मचारी, अत्यंत क्रोधी सदा नाशक हूं क्षत्रिय कुल का।
मैंने अपनी भुजाओं के बलसे कितनी बार पृथ्वी को राजाहीन किया
क्षत्रिय के राज्य जीत- जीत कर मैंने ब्राह्मण कुल को दान दिया।

अरे मूर्ख बालक, तू जा भाग अपने माता- पिता को दुखी न कर
मेरे फरसे की गति है भयानक कुछ भी बोल तू सोच समझ कर।
मेरे फरसे के शब्दों से माताओं के बच्चे गर्भ में भी जी नहीं पाते
मेरा क्रोध है बड़ा भयंकर कोई इससे पार नहीं पा सकते।

लक्ष्मणजी तब हंसकर बोले हे मुने, आप क्या खुद को योद्धा समझते
बार- बार अपने फरसा कुल्हाड़ी दिखा क्या फूंक मार पहाड़ उड़ाते।
यहां कोई कुम्हड़े का बतिया नहीं जो तर्जनी देखते ही मुरझा जाए
कुठार और धनुष रख लेने ही से क्या, कहीं कोई वीर कहलाए।

भृगुवंशी जान, यज्ञोपवीत देख आपने जो कहे, सब मैं सहता गया
देवता, ब्राह्मण, भक्त और, गौ पर ; रघुवंशी ने कभी क्रोध न किया।
इन्हें किसी रूप में भी दुख पहुँचाने से सदा अपकीर्ति ही होती है
तभी आपकी बज्र समान बातें, हम अब तक सहन किए जाते हैं।

ऐसा सुन भृगुपति बड़ा ही क्रोधित होकर बोले, सुनो हे विश्वामित्र
यह बालक बड़ा कुबुद्धी, उद्दंड, निडर और है कुटिल।
सूर्यवंश रूपी पूर्ण चंद का यह बालक निश्चय ही है घालक
और ब्रह्म ऋषि मैं भृगुवंशी, जग जाहिर क्षत्रिय कुल का हुँ नाशक।

अभी क्षण भर में ही यह बालक काल का ग्रास बन जाएगा
इस अबोध को कोई मेरा क्रोध बताओ मुझे न दोष कुछ आएगा।
बोले लक्ष्मण जी तब मुस्काकर, सुयश आपका दूजा कहे क्योंकर
आपने स्वयं अपनी करनी अपने मुंह बखान किया क्रोध रोक कर।

कुछ कहना हो तो और कहें हे वीरता का व्रत धारण करने वाले
शूरवीर तो रणभूमि में वीरता करते हैं, हे क्षोभ रहित धैर्य वाले।
अपने गुणगान अपने मुख करके कोई वीरता नहीं हैं दिखलाते
हे वीर मुनि, रण भूमि में करनी न कर राजभवन में क्यों चिल्लाते।

आप तो जाने क्यों मेरे लिए हांक लगा, बस काल को ही बुलाते हो
खुद को वीर, मुझे बच्चा कह आप किसको यूं बहलाते फुसलाते हो।
परशुरामजी अतिशय क्रोधित हो तब बौखला कर यों बोले पड़े
और वहां उपस्थित सारे जन गण मन - ही- मन में दहल उठे।

भृगुपति जी बोले झल्ला कर, इसे बालक समझ मैंने बहुत बचाया
पर लगता है, इसकी मृत्यु निश्चित है, यह मरने को ही यहाँ आया।
सब लोग हाय-हाय कर उठे परशुरामजी ने ज्यों थामा अपना परशु
तब विश्वामित्रजी बीच में आए, राजा जनक के तो निकल पड़े अश्रु।

विश्वामित्र जी समझाकर बोले, बालकों के दोष-गुण सज्जन नहीं गिनते
बच्चों की कटु उक्ति पर भी ज्ञानी पुरुष मन में हैं मोद भरते।
तीखी धार का यह मेरा परशु और मैं हुँ दया रहित अति क्रोधी
परशुराम क्षुब्ध बोले, मेरे समक्ष यह अपराधी खड़ा अभागा गुरुद्रोही।

इसी कुठार से इसे मैँ काटता मुझे यह उत्तर जाता है दे रहा
तेरे ही शील के करण हे कौशिक, इसे मैं अभी तक हूँ छोड़ा रहा।
गाधिपुत्र तब मन – ही- मन मुस्काकर बोले, मुनि को हरिहरी दिखता है
यह लौह खड़ग है, खांड़ नहीं जो मुंह में जाते ही गल जाता है।

मुनि अभी तक बने हुए हैं नासमझ इसके प्रभाव न दिख रहा इन्हें
साक्षात ब्रह्म को भी ये पहचान न पाए खुद में ही उलझे हैं इतने।
परशुराम की बातें सुन लक्ष्मण जी फिर बोले कटु वचन
आप मुझे परशु क्या दिखलाते हो ; हे राजाओं के दुश्मन।

आपको कभी रणबीर, बलवान नहीं मिले हैं, हे मुनि देव ब्राह्मण
हमने कितने ही ब्राह्मणों के चरण पड़े किसीने न कहे ऐसे कथन।
लक्ष्मण के ऐसे उत्तर सुनते ही भड़के फिर परशुराम के क्रोध
शांत करने ऋषि की क्रोधाग्नि, राम ने मधुर वचन में किया विरोध।

हे नाथ, आपका प्रभाव यह नहीं जनता बालक पर करिए कृपा
नहीं आपकी बराबरी न करता समझिए इसे दुधमुंहा बच्चा।
श्रीराम के ऐसे प्रेम पुर्ण वचन सुन परशुरामजी कुछ शांत पड़े
परंतु इसी क्षण लक्ष्मण पुनः कुछ परोक्ष कह कर मुस्करा दिए।

परशुराम जी ने कहा क्रोध से हे राम तेरा भाई है बड़ा दुष्ट
यह विष भरा स्वर्ण कलश है न कि यह है दुधमुंहा शिशु।
यदि बालक करे चपलता राम ने क्रोध में तमतमाए मुनि से कहा,
हे विप्र तो मोद से भर जाते हैं गुरु, विप्र और माता – पिता।

हे भृगु नाथ आप तो धीर हैं सुशील हैं क्षमाशील और ज्ञानी हैं
जबकि यह तो छोटा बच्चा है चंचल है और अज्ञानी है।
लक्ष्मण तभी हंस कर बोले हे मुनि जगत में क्रोध है पाप का मूल
अनुचित कर्म सर्वदा करते सब जिसके हो कर के वशीभूत।

टूटा हुआ धनुष नहीं जुड़ सकता अब आप क्रोध त्यागिए
आपके पैर अब तक दुःख गये होंगे दया कर बैठ जाइए।
यदि कोई गुणी धनुष जोड़ सके तो आप उस गुणी को बुलवाइए
क्रोध करने से कुछ लाभ न होगा ब्यर्थ न समय गंवाइए।

जनकपुरी के सभी स्त्री-पुरुष यह सब सुन थर- थर कांपे रहे थे
छोटा कुमार बड़ा ही खोटा है सभी मन में यही सोच रहे थे।
रामानुज लक्ष्मण की ऐसी वाणी से परशुरामजी का मन जलता रहा
ऐसी निडर वाणी सुन सुन कर उनका क्रोध भी कुछ कमता गया।

तदुपरांत श्री राम शांत चित्त हो सरल मृदुल वाणी से बोले
राम की वाणी सुन कर तब सब के हृदय कुछ नरम पड़ गए।
हे नाथ, ततैया और बालक दोनों होते सदा एक समान
कितना भी उन्हें समझाओ फिर भी रहते सदा विभ्रांत।

इस शिव धनुष को मैंने तोड़ा है, इसमें इसका कुछ दोष नहीं
कृपा, क्रोध, बंधन जो करना हो आप मुझ पर करें हे स्वामी।
जिस उपाय आपका क्रोध शान्त हो कृपा कर वही उपाय बताइए
मैं आपके अनुगत हुं आप मुझसे जो चाहे बदला लीजिए।

तेरा भाई अभी तक टेढ़ा ही दिखता मेरा क्रोध कैसे जाए भला
गर्दन पर कुठार न चलाया तो क्रोध का मैंने क्या उपाय किया।
मेरे परशु के होते भी मैंने इस राजपुत्र को अबतक जीवित छोड़ा है
क्रोध से छाती जली जाती है, पर कुठारभी मेरा कुंठित है।

इतना दुःसह दुःख सहना पड़ा, इस पर दया करने के ही कारण
तभी लक्ष्मण पुनः मुस्कुरा कर, मुनि से बोल पड़े तत्क्षण।
हे मुने, यदि शरीर जलता हो किसी पर दया करने के करण
तब तो विधाता ही जाने भला कैसे हो आपका क्रोध निवारण।

तब मुनि बोले चिल्ला कर, हे जनक इसे मेरे सामने से हटाओ
इसका सुंदर शरीर मन खोटा है मुझे अब और न समझाओ।
लक्ष्मणजी ने कहा, आंख मूंद लेने से कहीं कुछ भी नहीं दिखेगा
मेरा दोष, आपके क्रोध पर, बस काला अंधकार जम जाएगा।

परशुराम बोले राम से, शिव- धनुष तोड़ मुझे सिखाते ज्ञान हो
तेरा भाई, तेरी सम्मति से कटु बोलता और तुम विनय दिखाते हो।
शिव-धनुष तोड़ करता विनय यहां यह सब कुछ काम न आएगा
अरे शिव द्रोही, मुझसे युद्ध कर, वरना तू भी भाई संग मारा जाएगा।

लक्ष्मण कर रहा है दोष और मुनि मुझ पर कर रहे हैं क्रोध
सच में यह किसी और का नहीं सीधे पन का है बड़ा दोष।
जब हाथ में आपका कुठार है, हे मुनि आगे है मेरा सिर
आप कुछ भी करें क्रोध त्यागें हे प्रभु मुनेश्वर धीर।

जिससे आपका क्रोध चला जाए अब वही आप कीजिए
और तब बाकि सब कुछ भूल कर मुझे अपना दास जानिए।
परशु सहित है आपका बड़ा नाम, मैं हूं छोटा सा शब्द राम
हे विप्र श्रेष्ठ, क्रोध त्यागिए स्वामी सेवक में युद्ध का क्या काम।

हे ब्रह्म कुल भूषण यदि आप परशु बिना ब्राह्मण सम दिखते
सत्य सपथ हम दोनों भाई चरण- धूली मस्तक पर रखते।
लक्ष्मण ने आपको योद्धा समझा देख कुठार, धनुष बाण धारण
तभी आपका आदर नहिं करके कह डाले कुछ कटु वचन।

आप और मुझ में कभी बराबरी कैसे हो सकती है प्रभो,
कहां हम तो ठहरे चरण और आप सर्वोपरि मस्तक विभो।
हे देव मेरे एक गुण धनुष हैं और आपके तो, शम, दम, तप,
शौच, ज्ञान, विज्ञान, क्षमा, सरलता, और आपकी आस्तिकता।

मैं तो आपसे सदा हारा हुँ मैँ कैसे क्या दिखाऊं वीरता

बार-बार मुनि, विप्र कहने से परशुराम के क्रोध और भड़के।

मेरे क्रोध, बखान के बाद भी तू मुझे निरा ब्राह्मण ही समझता

कैसा हूं मैं ब्राह्मण बलवान ; तुझे अभी हूं मैँ समझाता।

मेरा धनुष सुवा, वाण आहुति, मेरे क्रोध को भयंकर अग्नि मान

चतुरंगिनी सेना, सुंदर समिधाएं बड़े-बड़े राजा को पशु जान।

ऐसे करोड़ों पशुओं की बलि दे, जय- युक्त रण- यज्ञ मैंने किया

अपने हृदय कर लें तू यह सब धारण तूने मुझे द्विज समझा।

तुझको मेरा प्रभाव न मालूम ब्रह्मण समझ रच रहा प्रत्यूह

इसी भ्रम में तेरा बढ़ा घमंड है तोड़ डाला तूने शिव धनूष।

राम बोले मैं भला क्यों करूं घमंड धनुष पुराना छूते ही गया टूट

इसमें कुछ बल भी लगा है मेरा ऐसा कहना भी होगा झूठ।

आप सम अन्यत्र कौन योद्धा हे भृगुनाथ, आप बस सत्य जानिए

जिससे डर कर हम शीश झुकाएं आप इसे सत्य- ही -सत्य मानिए।

क्षत्रिय तन पा जो रण से डर जाता वह तो होगा कुल का कलंक

रघुवंशी काल से भी नहीं डरते वह चाहे हो कितना भी बलवंत।

हे स्वामी, ब्राह्मण कुल की महिमा ऐसी जो डरे वह, निर्भय हो जाए

ब्राह्मण का आशीर्वाद पा कर तो क्षत्रिय काल पर भी विजय पाए।

राम के ऐसे गूढ़ वचन सुनते ही परशुराम के मन पलट गए

हे राम, यह धनुष अपने हाथ में पकड़ो, परशुराम ने कहा राम से।

राम ने जो धनुष पकड़ने अपने हाथ बढ़ाए धनुष स्वंय ही चला गया
राम के कर में वह धनुष जाता देख मुनि तो गए हड़बड़ा बड़ा।
उन्होंने प्रभु को पहचान लिया उनके टूट गए सारे मति भ्रम
उनका तन मन पुलकित हो गया, अश्रु पूरित हो गए नयन।

हे रघुकुल मनि, कमल वन सूर्य, हे राक्षस कुल के शामक अग्नि
हे मद नाशक, काम क्रोध हारी जय हो, जय हो, जय-जय हो तेरी।
सेवक, भक्तों के सुख दायक, विनयशील कृपालु, गुणों के समुद्र
कामदेव छबि धारण करनेवाले जय हो वचन- रचना में चतुर।

हे शिव मानस के मान सरोवर आपकी मैं क्या करूं प्रशंशा
अनजाने में ही पूरी कर ली मैंने अपने मन की सारी हिंसा।
हे दया क्षमा के मंदिर, दोनों भ्राता, जय जय हो, आपकी जय हो
मेरा अपराध विसारो प्रभु ताकि एक भक्त की सदा विजय हो।

ऐसा कह कर मुनि परशुराम जी वन को चले गए तत्क्षण
ऐसा देख जो दुष्ट राजे थे वहां, बड़ा घबराए मन- ही- मन।
देवताओं ने तब बजाए नगाड़े नगरवासी हर्ष से झूमे उठे
अज्ञानता की सब मिट गई पीड़ा पुष्प वरषने लगी गगन से।

जोर-जोर बजने लगे झांझ मजीरा सुंदर साज लगे सजाने
सुंदर मुख, सुंदर नयनों वाली स्त्रियां मंगल गान लगीं गाने।
जनक, सुनयना के सुख वर्णन क्या कोई इस मुख से कर सकता
जिनके सम्मुख स्वयं ब्रह्म खड़े हों उन्हें कोई क्या कह सकता।

मानो जन्मों की मिट गई दरिद्रता जग भर का खज़ाना पाया
हे प्रभो, बस आपके ही कारण राजा ने विश्वामित्रजी से कहा—
भृगुपति परशुराम सहित मुझे साक्षात ब्रह्म के मिले दर्शन
और मैंने राम चंद्र को पाया, हे प्रभो मैंने पा लिया राम चंद्र।
जय श्री राम

5

सीता राम विवाह

जब धनुष भंग होता है, काम क्रोध मद लोभ की पकड़ से प्राणी ऊपर उठता है, तब जानकी की प्राप्ति होती है। जानकी जो एक अत्यंत दुर्लभ पारलौकिक भाव है, माया को जीतने के उपरांत ही प्राणी इससे साक्षात्कार कर पाता। सीता विवाह सृष्टि और ब्रह्म की चरमोत्कर्ष परिणति है। एक बात ध्यातब्य है, इस विवाह के बाद कोई फूलों की सेज नहीं बल्कि कर्म की कठोर पथरीली पगडंडी ही मिलती है, परंतु यदि प्रकृति और ब्रह्म साथ साथ हो तो धरती पाताल सभी इंद्रलोक जैसे सुखद लगते हैं। अर्थात आत्मज्ञान के उपरांत भी कर्मों की आवश्यकता होती है, या कहें कर्म के ऊपर ही प्राणी का हक है, बाकि सब परमेश्वर।

मुनि बोले, धनुष टूटते ही विवाह हुआ पूरा, जो था चाप के अधीन

देव नर नाग सब को विदित हो चुका सुनो हे नरनाथ प्रवीण

हे जनक, अब अवधपुर खबर पहुँचाने तुम अपने दूत पठाओ

राम पिता दशरथ को बुला, दोनों ही कुल के कुल रीति निभाओ।

जनकजी ने तब आनंदित हो अपने एक विशिष्ट दूत बुलवाए

कौशलपति दशरथ को पत्र लिख तुरत कोशलपुरी भिजवाए।

फिर अपने सारे सहचर को जनक ने तत्क्षण दिए आदेश

बाजार, रास्ते, महल, देवालय सभी तुम सब मिल संवारो पूरे देश।

चतुर सारे कारीगरों ने मिलकर झलमल सुंदर मंडप बनवाया
मणियों के पत्ते, माणिक के फूलों से पूरे मंडप को सजवाया।
बनवाए सोने के कदली -खंभन पत्रे से बनवाये बांस की गांठ
कमल माणिक, हीरे, फिरोजे के, स्वर्ण-बेलि के बनवाये उत्तम पान।

मोतियों के झालर, सोने के बौर रेशम की डोर स्वर्ण आम्रपल्लव,
कामिनी की मनोहर मूर्ति खंभे पर, हाथों में लिए मंगल-द्रब्य।
मतवाले भौंरे संग रंगीन पक्षी हवा में करने लगे कलरव
गज मुक्ताओं के चौक सजे, मणियों के जल उठे सुंदर दीपक।

अनगिनत मंगल कलश सज गए झूले ध्वजा पताका, पर्दे, चंवर
सारा भुवन ब्यर्थ लगने लगा हुआ तीनों लोकों प्रसिद्ध मंडप,।
कन्या रूप जहां लक्ष्मी बसती उस लोक की किससे हो तुलना
राजा जनक के ऐश्वर्य की बराबरी किसी और से क्या करना

दूत पहुंचे अवधपुरी पावन हर्ष देख कौशलपुर नगर सुहावन
दशरथ ने तब उन्हें बुला कर पूछा उनके आने का कारण।
राजा दशरथ को प्रणाम कर दूत ने दी उन्हें जनकजी की पाती
पुलकित हो ली पत्री राजा ने आवेग से भर गई उनकी छाती।

पत्र पढ़ दशरथ हुए प्रसन्न नेत्र छलकने लगे हुए गद-गद कंठ
उनके हाथों में पत्र चंचल मन हृदय में बस गए राम लक्ष्मण।
राजा ने कस कर थाम रखा था पत्र मुंह से न फूट रहे थे बोल
वशिष्ट जी ने टोका उनको पर उनका तन मन था रहा हिंडोल।

तभी छोटे भाई शत्रुघ्न साथ भरत जी भी वहां आ पहुंचे
राजा के हाथों में पत्र देख संकुचित हो भरत ने प्रश्न किए।
तात, यह पत्र कहां से आया मेरे दोनों भाई कुशल से तो हैं
किनका संदेशा लेकर ये प्रिय दूत अवध पूरि में आए हैं।

राजा ने तब वह पत्र पढ़ा सुनते ही जिसे दोनों हुए पुलकित
स्नेह शरीर में न समा रहा हो, सुन भरत हुए ऐसे आनंदित।
बैठा अपने निकट दूत को राजा ने फिर प्रश्न किए मधुर वचन
हे भैया, पुत्रों के कुशल कहो क्या तुमने देखा उनको अपने नयन।

कौशिक जिनके साथ सदा हैं, एक श्याम एक गौर तन शोभित
क्या तुमने उनको खुद पहचाना, हृदय मेरा हो रहा है भ्रमित।
मुनि जब से उन्हें ले गये हैंआज तक उनकी कुछ सुध नहीं पाई
राजा विदेह ने उन्हें कैसे पहचाना किसने उनका परिचय दी।

हे राजन, आप सम धन्य दूजा जग में भला कहाँ कोई हो सकता
राम लखन से तनय जिनके हों, वहां किसी की क्या प्रभुता।
रानियों को तब राजा दशरथ ने मिथिलपति की पत्रिका सुनाई
सुनते ही हर्षित हुईं सब रानी, विधाता ने आज बात बनाई।

प्रेम प्रफुल्लित हुए राजा संग रानियां सूखे पर मानो पड़ा हो पानी
गुरु ने सबको दिया अशीष दरवार में स्वीकारा सबने झुका शीष।
बारी -बारी पत्री को पढ़ कर सबने अपने - अपने हृदय जुड़ाए
राम लखन की कीर्ति राजा ने बारम्बार अपने मुख बखान किए।

इधर भिक्षुओं, विपात्रों को दान दे-दे कर रानियों ने भरा आनंद
और मुनि की कृपा- अशीष पा कर राजा हो गए परमानंद।
चौदहों भुवन उल्लसित हो गए घर-घर में होने लगी बधाई
महल, नगर, गलियाँ सजने लग गईं बजने लगी शहनाई।

सारे अवधवासियों ने अपने–अपने मंगलमय गृह की रचना की
चंदन, कस्तूरी की खुशबू से सब महल बाड़े चौबारे महक उठे।
कामिनियो के श्रृंगार देख अभिमान भंग हो गया मदन रति के
कोयल भी लगी लजाने सुन सुमधुर सुरीले गीतों के स्वर से।

भाटों ने कुल की रीति उच्चरित कर वेदों का बखान किया
और भरत ने रंगारंग जीन लगा कर सभी तुरग को सजा दिया।
चंचल, चुस्त चाल के घोड़े पवन के संग- संग लगाने लगे दौड़
सजने लगीं बरात राम की सब लोगों, मंचों में लग गई होड़।

नाना रंग पालकी, तुरंग, हस्ती किसी से नहीं था किसी का जोड़
सभी सुंदर, सभी उत्साहित, सभी आनंदित सभी थे बेजोड़।
छयल, छबीले, सूर, सुजान युवक संग सजे चाप, तुनीर, तरकस
सारथियों ने रथ को सजाया ध्वजा, पताके पर मणि जड़कर।

सारथियों ने रथ को सजाय जैसे सूर्य रथ से चुराया हो सौंदर्य
श्याम कर्ण के उत्तम घोड़े जुते, सुंदर चंवर, थीं घण्टियां सुंदर।
इन अपूर्व घोड़ों की टापों से तो इन्द्र भी विस्मृत हो रहे थे
जैसे ब्रह्मा ने अभी रचा हो उन्हें, इतने अपूर्व सब दिखते थे।

हाथी घोड़े सुंदर- सुंदर सब रथ सज गई जुड़ने लगी बरात
सारे मंगल शगुन मिल रहे एक साथ सब आज।
करोड़ों कहार भर-भर कर ले चले नाना वस्तु विवाह की
लचक - लचक वीथि पर चल रही सुंदर सज्जित पालकी।

हाथी चिंग्घाड़ते, घोड़े हिनहिनाते, कहीं पालकी लचकती थी
कुछ रथ सवार, कुछ पैदल चल पड़े क्या कहने हैं बरात की।
दो रथ अलग सुंदर विशिष्ट थे एक पर गुरु दूजे पर नृप थे
ये इतने सुखद दृश्य थे मानो गुरु बृहस्पति और इंद्र थे।

झूमते हाथी चले बजाते घंटे पड़ने लगी घोड़ों की टप-टप टाप
कहीं अप्सराओं के मीठे सुर, कहीं तबलों की थप थप थाप।
सकल सुंदर सुंदर सगुण होने लगा पक्षी नीलकंठ और नेवला
शुभ शगुन का क्या कहना कहीं पय- पान करता गाय बछड़ा।

हिरणी की टोली दांये जाती उड़ने लगी श्वेत-मस्तक वाली चील
पेड़ों पर सुंदर श्यामा लगी बोलने दिखे पुस्तक ले जाते प्रवीण।
क्यों न सकल मंगल सुलभ हो जब दशरथ, जनक सम समधी
पुत्र जिनके ब्रह्म रूप राम हों, पुत्री हों सीता रूप स्वयं लक्ष्मी।

ब्रह्म लक्ष्मी के विवाह में खुश नाच उठे थे मंगल सारे
हाथी, घोड़े सकल नांच रहे थे और चोट कर रहे थे नागाड़े।
सुनते ही संवाद दशरथ आने की, जनकजी चल पड़े मिलने
गज, रथ, पदचर, तुरग सजाकर मिथिलपती ने उन्हें सम्माने।

स्वर्ण कलश में ठंढे शर्बत भरकर भांति भांति के फल पक्वान
भर-भर थाल सभी सजाकर बारातियों का किया सम्मान।
मंगल शगुन सुगंधित द्रव्य, और दधि, चिउड़ा भर चला कहार
गहने, कपड़े, बहुमुल्य रतन पशु, पक्षी, घोड़े, हाथी थे अपार।

हरषि- हरषि मिल रहे बराती आनंद न हृदय समाय
मर्यादा तोड़ती नदि जैसे थी दौड़ी समुद्र में मिल जाय।
जनक ने बरात- पूजन करके जनवासे में सबको लाए
सकल सुखद जनवासे में सभी बारातियों को ठहराए।

सीता ने बरात पहुंच गई जान अपनी कुछ महिमा दिखलाई
स्वयं रिद्धि- सिद्धि को बुला भेजा करने दशरथ की पहुनाई।
सीता का अशीष ले सारी सिद्धियां तब पहुंच गई जनवासा
ले अपने संग भोग विलास और इंद्रासन जैसी सुख-सम्पदा।

अपने अपने निवास-स्थल देख बाराती हुए सभी अत्यंत सुखी
राम छोड़ कोई भेद न जाने सभी ने जनक की प्रशंसा की।
राम, लक्ष्मण दोनों ही भाई अपने पिता से मिलने को उत्सुक थे
इनका विनय देख मुनि विश्वामित्र मन ही मन में आनंदित थे।

तब अपनी आंखों में भर प्रेमाश्रु दोनों भाई को गले लगाकर
मुनि चले दशरथ से मिलने जैसे प्यासे आतुर पाने को सरोवर।
छलका हृदय-समुद्र राजा का, मुनि संग अपने पुत्र को आते देखे
दंडवत कर मुनि को कौशलपति ने उनसे कुशल क्षेम पूछे।

दोनों भाइयों ने तब आकर पिता के चरणों में किया प्रणाम
राजा को भान हुआ जैसे मृत देह में समा गए गये हों प्राण।
राम लक्ष्मण दोनों भाई ने तब गुरु वशिष्ठ जी को नवाया शीश
प्रेम से पूरित हो गुरु ने गले लगा कर दोनों को दिया अशीष।

पुरजन, परिजन, सारे मंत्री, नायक और जितने सारे थे मीत
सभी मिले प्रभू से हर्षित हो सभी उत्फुल्ल थे कृपालु, विनीत।
राजा दशरथ के चारों ही पुत्र राम, लक्ष्मण, और भरत, शत्रुघ्न
साक्षात अर्थ, धर्म, काम, मोक्ष ने जैसे कर लिया हो शरीर धारण।

अवधपति को अपने पुत्रों संग देख नगर के नर-नारी हुए सुखी
गगन से पुष्प वर्षा होने लगी, नाच करने लगी नाकनटी।
शतानंदजी, ब्राह्मण, मंत्री गण सबने बरात की की अगवानी
मागध, सूत, भाट, विद्वज्जन के भी प्रीत की रीत न जाए बखानी।

बारात देख सभी जन थे आनंदित, ब्रह्मानंद में सभी थे लीन
आग, जग, स्त्री, पुरुष, पशु, पक्षी, जितने थे चारक, भाट प्रवीन।
राम, वैदेही सीमा सौंदर्य की ;किर्ति, पुण्य सीमा दशरथ विदेह की
दशरथ सुकृति थे श्रीराम स्वयं और जनक सुकृति मूर्ति वैदेही।

इनके सम न कुछ प्यारा शिव को, इनके हृदय में शिव का धाम
जन्म लिया जिसने जनक पुरी में वही इस सुख को सके जान।
बड़भागी उनसे क्या होगा जिन नयनों ने देखि सीता राम छवि
वह लोचन कैसा होगा जहां बसती हो इनकी पावन मूर्ति।

जिन नयनों से इनका विवाह देखा यह सुख कोई क्या कह सकता
इनके समान न बड़भागी दूजा कोई हुआ न कभी हो सकता।
यह विवाह है बड़ा हितकारी सुंदरियां सब आपस में करतीं बखान
जिन नयनों ने इन अतिथियों को देखा उनका भाग्य महान।

ससुराल नहीं है जग में ऐसी जहां जनक महल जैसी पहुंनाई
और सारे लोग भाव- विभोर हैं देख राम लखन जैसे भाई।
इस बरात में एक और राम आया है नाम है उसका भरत
उसका अनुज शत्रुघ्न भी है, जिसकी लक्ष्मण जैसी ही सूरत।

एक ही रूप रंग के राम, भरत हैं, लक्ष्मण, शत्रुघ्न भी एक रूप
एक ही समान समधी हैं दोनों मिथिला पति और दशरथ भूप।
इनकी कोई उपमा नहीं जग में, बल, विनय, शील, शोभा सब एक
नगर की स्त्रियां मंगल मना रही हैं चारों भाई के निमित टेक।

चारों का विवाह मिथिला में ही हों सभी जन बस यही सोच रहे
द्रवित हृदय से उन्हें निहार निहार कर भरे खजाने लूट रहे।
अपने नयनों में अश्रु भर सब कहते शिवजी मनोरथ पूर्ण करेंगे
दोनों राजे पुण्य समुद्र हैं अवश्य मिथिला पति उन्हें वरन करेंगे।

ऐसे ही आनंद, में कौशलपति दशरथ के कुछ दिन गए बीत
प्रमुदित प्रफुल्ल सभी बराती पुरजन सभी मगन सब उपमातीत।
तब मंगल लगन दिन आया, हिम ऋतु शुक्ल पक्ष मास अगहन
गोधूलि विमल वेला, ग्रह नक्षत्र, सारे वार, तिथि का श्रेष्ठ मिलन।

शंख, नगाड़े, ढोल लगे बजने सजी मंगल कलश शुभ शगुन हुआ
दधि, दुर्वा, अक्षत, हल्दी से सजी थाल, मंगलगान प्रतिध्वनित हुआ।
मंगल क्षण आने पर मिथिला पति चल दिए बरात को लिवाने
दशरथ, जनक की भब्यता देख कर सुर राज भी लगे लजाने।

कौशल पति के भाग्य वैभव देख ब्रह्मादि देवों ने लोहा माने
मिथिलापति की भब्यता को, शेष, सरस्वती, वेदअपने मुंह बखाने।
सारे देवता अपने लोक छोड़-छोड़ राम विवाह देखने आए
जनक पुरी की सौंदर्य देखते ही सबने अपने लोक विसराये।

देवता, चंद्रमा, देवांगनाएं, अप्सराएं सारे हो रहे थे प्रभाहीन
नगर के सारे स्त्री, पुरुष थे बड़े धर्मात्मा, श्रेष्ठ, सुघड़ प्रवीण।
नाम लेते भर से ही जिनके सारे पाप अमंगल कट जाते
धर्म, अर्थ, काम, मोक्ष एक संग स्मरण करते मुट्ठी में आ जाते।

वहीं वर-वधू राम-सीता की अनुपम जोड़ी, स्वर्गीय यहां खड़े थे
साधु समाज सुरलोक आनंदित महामोद पुलकित शिव मन थे।
यह अपूर्व मधुर जोड़ी दिख रही मरकत- मणि संग स्वर्ण वरन
दशरथ संग ब्रह्म- मंडली ने जैसे कर ली हो शरीर धारण।

चारों पुत्र शोभित थे जैसे सालोक्य, सामीप्य, सारूप सायुज्य हो
मोर पंख की कांति वाले राम को सब देख रहे थे मोहित हो।
बिजली सा झलके पीताम्बर, सजे थे मंगलमय सुंदर आभूषण
चंचल अश्वों पर सवार, साथ में तीनों सुंदर भाई जग भूषण।

दोनों वंश के वंदक, मागध, भाट मिल विरुदावलि सुना रहे थे
श्री राम के अश्व रूप में स्वयं कामदेव जी भी शोभित थे।
अपनी अवस्था, बल, रूप, चाल से तीनों लोक मोहित करते थे
मोती, मणिका लगा जीन, लगाम में घुँघरू झुनझुन करते थे।

प्रभु इच्छा में अश्व को लीन देख देव, मनुज भी ठगे खड़े थे
तलाबों की लहर सी बिजली से अलंकृत, सुंदर मोर नाच रहे थे।
राम रूप पर वहिं, विष्णुजी भी लक्ष्मी के संग-संग मोहित थे
ब्रह्मा भी अनुपम शोभा का आनंद देवों के संग लूट रहे थे।

अपने बारह नेत्रों से कार्तिकेयजी राम दर्शन सुख पा रहे थे
देवेन्द्र गौतम मुनि के श्राप आज परम हितकर माना रहे थे।
सारे देव इंद्र के सहस्त्र नयनों पर मन में इष्र्या से जल रहे थे
दोनों राजाओं के समाज में सभी जी भर उत्सव मना रहे थे।

देवता प्रसन्न हो रघुकुल तिलकमणि की जय हो, जय हो कह रहे थे
वहां की सारी स्त्रियां चंद्र मुख शोभा, हिरणी सी आंखें वाली थीं।
उनके मुख-चंद्र नयनों की शोभा रति - कांति मद हरने वाली थी
इंद्राणी, सरस्वती, पार्वती, लक्ष्मी सभी देवांगणाएं मुग्ध ठगी थीं।

कपट रूप ले सभी देव-पत्नियां जनक रनिवास में विचर रही थी
कौन किसे जाने पहचाने आनंद मगन सब खुद को भूल चूके थे।
सभी देवता देवियां यहां आकर एक राम मय हो रहे थे
पूरे विश्व चराचर जगत में जय जय ध्वनि स्वर गूंज रहे थे।

सभी देवियां रानियों के संग मिल प्रेम मगन चलीं परछने दुल्हे
कौन बड़ा, कौन छोटा है यहाँ, कौन याद करे कौन पहचाने।
राज महिषी सुनयना के नेत्रों में झलमल प्रेमाश्रु लगे उमड़ने
इस अपूर्व हर्ष को भला शेष अपने सहस्त्र मुख कैसे बखाने।

धरती आकाश सर्वत्र मचा था शोर कहीं किसी का न ओर-छोर
रामचंद्र तभी मंडप में आए, अर्घ्य दे शतनन्दजी ने उन्हें बैठाए।
अपूर्व दुल्हे कीआरती कर-कर स्त्रियां अनुपम सुख पा रही थीं
स्वर्ण मणि, न्यौछावर कर मधुर सुंदर मंगल गीत गा रहीं थीं।

सारे ब्रह्मादि देव खुशी - खुशी इस कौतुक को देख रहे थे
रघुकुल मणि श्रीराम देख कर सब खुद को धन्य मान रहे थे।
नाई, भाट, वारिश, परिचारक सभी के हृदय बड़े आनंदित थे
श्री राम के न्यौछावर पा पा कर सभी के जीवन धन्य हुए थे।

जनकजी और दशरथजी भी मिल प्रेम पूरित हो रहे प्रीति से
सबने सारी रस्में पूरी कीं समुचित वैदिक रीति से।
अनेकों ब्याह पहले भी हुए थे पर आज एक सम समधी दीखे
कभी नहीं देखे थे किसी ने दो समधी सब शील गुण एक से।

दोनों के तन मन में छाई थी एक ही सम अलौकिक प्रीती
दोनों के सत्य, सुंदर वाणी से देव मनुज की सुध- बुध बिसरी।
मंडप की रचना क्या कहना नर, मुनि, देवों के ठगे थे नयन
और निज हाथ जनक ने सजाए थे देव द्विज नृप सबके आसन।

तब वामदेव सहित सारे ऋषियों की जनकजी ने किया पूजन
आदर भाव से सभी जनों को यथायोग्य फिर दिया आसन।
मिथिला पति ने कौशल पति की सम्मान सहित की पूजन
महादेव सम समझ समधी को तन, मन, धन कर दी अर्पण।

तब फिर आए सारे बारातियों का राजा जनक ने किया पूजन
विनय, बड़ाई सम्मान दे सभी को समझा अपने समधी सम।
इस भव्यता की तुलना कभी एक मुख नहीं की जा सकती
ब्रह्मा, विष्णु, शिव तो पहले से ही जानते थे प्रभुता रघुवर की।

कपट वेश धर -धर जो ब्रह्मा, विष्णु सारी लीला देख रहे थे
जनकजी उन्हें भी जन-गन समझ कर ही प्रेम पूर्वक पूज रहे थे।
कौन किसे जानता- पहचानता सबकी सुध- बुध तो बिसरी थी
आनंद - सागर दुल्हे देख कर तो स्त्रियां सारी रीझ रही थी।

देवताओं ने राम को अपने-अपने मानस-पटल पर आसन दिया
दोनों पक्ष हो उठे प्रमुदित जब वशिष्ट जी ने अनुशाशन दिया।
हे जनक देर न करें शुभ घड़ी, शुभ क्षण, शुभ मुहूर्त आया
हे शतानंद, "सीता को मंडप में लाएं" जनक जी ने तब कहा।

अब विलम्ब का कुछ कारण नहीं, मंगल गान शुरु करें स्त्रियां
कुल- रीति निभाने आ पहुंची मंडप पर हिलमिल सब रानियाँ।
अप्सराएं, देवांगनाएं सारी जो स्त्री रूप ले ले वहां खड़ी थीं
सब हृदय से आशिर्वचन फूटे मंगल कामनायें उमड़ रही थीं।

स्त्रियां मंगल रूप सजा सीता को मंडप ले चलीं कर मंगलाचार
दसों दिशाएं मोहित हो उठी सुन कंकन-किनि-किनि के झंकार।
रुन-झुन ध्वनि नशा बन बिखरी उन सबके पांवों के पाजेब से
सोलहों श्रृंगार किए सारी स्त्रियां चल रहीं थीं मतवाली चाल से।

कोटि-कोटि रति काम निछावर रुप सौंदर्य हुए स्वयं निहाल
स्त्रियों मध्य सीता शोभित थी मानो परम शोभा हो बेमिसाल।
इस सौंदर्य की तुलना हो पाये ऐसा अखिल लोक में न दूजा कोई
राम देख मिथिला आनंदित, और सीता देख दशरथजी थे विस्मृत।

देवता पुष्प वर्षा कर रहे थे वशिष्ठ जी के आशिर्वचनों के संग
ढोल नगाड़े मधुर शोर कर रहे सारे नर-नारी हुए आनंद मगन।
सीता मंडप में आ पहुंची मुनियों ने मिल शांति - पाठ किया
दोनों कुल के गुरुवों ने संग संग अपने रीति वंश ब्यवहार किया।

सारे कुलाचार निभा कर गुरुवों ने पार्वती, गणपति की पूजा की
दोनों गुरुवों ने प्रसन्न चित्त होकर तब वर-वधू को दिया अषीश।
स्वर्ण के परात, स्वर्ण कलशों में पूजन-सामग्री आई भर-भर कर
दधि, गुड़, तिल, हल्दी की छटा सर्वत्र फूट रही थीं निखर-निखर।

होम समय अग्नि देव स्वयं प्रकट होकर ग्रहण कर रहे थे आहुति
चारों वेद भी ब्राह्मण रूप धर करवा रहे थे सब उत्कल विधि।
सुयश, पुण्य, सौंदर्य, सुख सब मिल कर जब बनीं थीं सीता की माता
ऐसी जनक महिषी, सुनयना के सुख का कोई क्या वर्णन कर पाता।

पवित्र, सुगन्धित गुलाब जल से भरे हुए थे सोने के कलश
मणि परात में रख कर दम्पत्ति ने धोए राम के चरण-कमल।
जो चरण शिव मानसरोवर में सदा-सदा पूजे जाते
जिन चरणों के स्मरण करने से संत योगी मुनि जन सुख पाते।

जिन चरणों की निर्मलता से कलयुग के सारे पाप धुल जाते
वहीं चरण आज जनक, सुनयना अपने कर से थे रहे धोते।
इन चरणों को गोद में रख कर मिथिलपती हो रहे थे निहाल
सुनयना अपने रेशमी आंचल से पोंछ रहीं थीं वही चरण बारंबार।

दोनों कुल गुरुओं ने मिलकर राम सीता का पाणिग्रहण करवाया
मिथिलापति ने सर्व सुख-मूल मैथिली का शुभ्र कन्या- दान किया।
जैसे गिरिपति ने गौरी शिव को, सागर ने लक्ष्मी हरी को दिया
वैसे ही राजा जनक ने, जनक दुलारी सीता राम को सौंप दिया।

फिर वशिष्ठ जी के कहने पर जनक ने अपार खुश होकर
अपनी बाकि तीनों पुत्रियों को भी उसी मंडप पर बुलवाया।
और राम के अन्य तीनों भाई भरत लक्ष्मण शत्रुघ्न संग
इन तीनों कन्याओं का अति आनंद पूर्वक दान संपन्न किया।

सर्व प्रथम जो सर्व गुण संपन्न मांडवी जनक महल की दूसरी बेटी
भरत को और रूपमति श्रुतिकीर्ति को राजा ने शत्रुघ्न को सौंप दी।
सर्वथा उपयुक्त समझ कर उर्मिला सीता की बहन सबसे छोटी
शुभ पाणि ग्रहण राजा ने राम के प्रिय लक्ष्मण के संग करवा दी।

जनक की बेटियों का विवाह चारों भाईयों संग सम्पन्न हुआ
चारों दिशाओं में खुशियां छाई जल, थल, नभ, आनंद मगन हुआ।
नित नूतन मंगल मिथिला में होते क्षण क्षण पल बन के बीतते
चारों कुँवर को वधू संग देख दशरथ के मन में नए मोद भरते।

जनक ने पूजन कर गुरु वशिष्टजी से, कहा- मैं पुर्ण काम हुआ
गहने कपड़े से सजी सहस्त्रों गायों का ब्रह्मणों को दान दिया।
वामदेव, बाल्मीकि, विश्वामित्र, जाबालि, सबका सम्मान किया
और कामधेनु सम चार लक्ष अलंकृत गौवों का दान दिया।

याचकों को भी राजा ने स्वर्ण, वस्त्र, हाथी, घोड़े, यथायोग्य भेंट किया
पूरे मिथिला नगर सूर्य-कुल-स्वामी की जय हो जय हो कहने लगा।
इसी तरह से श्री राम वैदेही विवाह इस जगत में विख्यात हुआ
और जनकजी ने अपनी चारों पुत्रियों का उचित कन्या दान किया।
जय सीता राम

6

सीता जी की विदाई

सीता की विदाई के संदर्भ से हम सीख सकते हैं – प्रेम कितना ही अखंड हो उसका त्याग इसी सृष्टि में करना होता है, प्रेम की साक्षात मूर्ति है सीता और ज्ञान के पराकाष्ठा हैं राजा जनक, परंतु कर्म क्षेत्र के लिए लौकिक प्रेम को त्यागना ही पड़ता है। यह त्याग सहज नहीं होता विभिन्न वेदनाओं से गुजरते हुए भी इसे जीतना ही पड़ता है।

श्री राम चंद्र के विवाह उत्सव शेष शारदा मुख न बखान सकते
फिर कहो एक कवि कैसे यह वर्णन अपने मुख से कर पाते।
मुनि विश्वामित्र जी के चरणों में दशरथ ने शीश झुकाए बारंबार
"हे मुने, यह सब आपकी कृपा है, आपकी महिमा तो है अपरंपार"।

जनकजी के शील स्नेह की भी राजा दशरथ ने खूब की सराहना
और जानकी संग चारों बहनों की विदाई की रखी प्रस्तावना।
अवध, मिथिला वासी जो अब तक स्नेह रस्सी से बंध गए थे
नित्य होते नूतन मंगल आनंद में मिथिला वासी जो विचर रहे थे।

जब कौशलपति ने माँगी विदाई मिथिलवासी को न सुहाई
नगर के लोगों का मन कुम्हला गया सुनते ही बात विदाई की।
जैसे सूर्य के अस्त होने के कारण कमल वन को लगी आघात
सब एक दूसरे को तकने लगे मुंह से किसी की न निकली बात।

जनकजी तब बरातियों के वापस जाने की करने लगे प्रबंध
ठाँव ठाँव तंबू में मेवा, पकवान, रखवाया राह में न कुछ हो कष्ट।
दस हजार हस्ती, गायें, भैंसें, घोड़े, वस्त्र, आभूषण, सोना, चांदी
पचीस हजार रथ थे सजे अश्व के जो कुछ कहें थे सब कम ही।

अपरिमित दहेज था यह सब कम पड़ी संपदा तीनों लोकों की
लक्ष्मी रूप वधू थी जहां, और जहां विराजे प्रभुता नारायण की।
रानियों का हृदय खंड खंड हुआ जब सुनी विदाई की बात
सीता को गोद में ले बार बार मुख चूम देने लगीं आशीर्वाद।

बेटी की जब विदाई होती है मां की ममता कौन कह सकता
हे पुत्री सदा रहना पति की प्यारी अचल हो सौभाग्य तुम्हारा।
सास ससुर देव गुरु सम पूजित हो पति इच्छा हो अनुकरणीय
लिपट रही थी सखी सहेली, सब मायें बिलख रही थीं दे सीख।

सारी राजकुंवारियाँ विचलित थी, नवधा थी उनकी यह‘केली’
सारी वधुओं को विदा कराने राम भाईयों संग आ गए तभी।
इनके रूप गुण रस में सभी डूबे भूल गए फिर सब खुद को
मानो जन्मों के भूखे ने पा लिया कहीं पर कल्प बृक्ष को।

मरने वालों ने अमृत का घड़ा पीया राम मूर्ति देख खिले जैसे
घोर नारकी हरी पद स्पर्श कर लिया हो सब खुश हुए ऐसे।
सारा रनिवास हो उठा हर्षित देखते ही रूप सिंधु चारों कुँवर
राज मताएं लगीं आरती करने सौ जन्म हुआ इनपर न्यौछावर।

राम छवि देख कर सारी रमणी ऐसी हो गईं आनंद विभोर
क्षण क्षण राम चरण छूने लगीं बचा न कुछ लज्जा संकोच।
जन्म जन्म के भूखों ने आज पा लिया है मधु का प्याला
कैसे इनको रोके कोई इनका हृदय हो गया था मतवाला।

सब स्त्रियां ने मिल इनको स्वर्ण-पीठ पर बैठा उबटन लगाया
गंगा जल से पुनः स्नान करा कर छहों रस भोजन करवाया।
इनके रूप मन नयनों में बसा जग में जीवन सफल किया
तभी शील स्नेह से सकुचाकर राम ने मधुर वाणी में कहा।

हे माता जनक की रानी, हम राजकुमारी को विदा कराने आए हैं
हमें विदा कराने भेजा है, राजा दशरथ अवधपुरी लौटना चाहते हैं।
सारी कुमारियों को प्यार से विदा करें अभी है यहि उचित कर्म
ऐसा सुनते ही विलख उठा सारा रनिवास बचा न कुछ ज्ञान धर्म।

परवश कुछ बोलीं नहीं माता दुखता हृदय टूटी सब आश
सीता का हाथ राम -- हाथों में देकर की विनति मन की बात।
हे सर्वज्ञ सुजान राम सुनो, सीता प्राण है मिथिला के जन की
हे तुलसी के प्राणनाथ, तुम स्नेह शील स्वीकार करो सीता की।

जनक के प्राणों की प्यारी जानकी इसे किंकरी मानो अपनी
प्रेम सदा तुमको है प्यारा हे जगत के स्वामी राम शिरोमणि।
हे गुण ग्राहक दोषों के नाशक तेरा हृदय तो है दया के धाम
तब अपनी सासुओं से विदाई मांगा चारों भाइयों के संग राम।

हाथ जोड़ प्रणाम कर सबने फिर उनका चरण स्पर्श किया
मंजुल मूर्ति हृदय धारण कर रानियों ने मन को कड़ा किया।
प्रेम सहित सब कुमारियों को बुलाकर अपने गले लगाया
झर झर आँखों से आँसू झर रहे बेटियों को गले लिपटाया।

रनिवास की सारी स्त्रियाँ सुनयना सीता साथ मिल बिलखती
जैसे धेनु गाय हो कोई वैसे ही सुनयना सीता से जा लिपटती।
थोड़ी दूर आगे बढ़ जाने पर सीता पुनः दौड़कर वापस आती
तोता मैना जो सब सीता ने थे पाले सभी पिंजड़े में सुबकती।

कहाँ जानकी कहाँ वैदेही तड़प तड़प कर सब थी बोल रही
सोने के पिंजड़े में परिंदा रह रह कर पंख थी फड़फड़ा रही।
जानकी संग जाने को जैसे सारे पक्षी ब्याकूल हो रहे थे
जब पशु पक्षी की ऐसी अवस्था मनुज दशा की कौन कहे।

भाईयों मंत्रियों संग जनक के नेत्रों में अश्रु झलमल करते थे
सीता को देखते ही सारी धीरता भागी जो विदेह कहलाते थे।
प्रेम प्रवाह की बांध ऐसे टूटी न बची कुछ ज्ञान न मर्यादा
न आत्मज्ञान धीरता काम आई इस क्षण की ऐसी दारुणता।

राजा को यों बिलखते देख मंत्रियों ने उन्हें संभाल दिया धीरज
यह विलाप का क्षण नहीं राजन यह पुत्री विवाह का है मधु पल।
प्रेम पूरित हो फिर सबने ऋद्धि सिद्धि संग गणपतीजी पूजन की
और शुभ मुहूर्त में सारी राज कुमारियां बैठीं सज्जित पालकी।

राजा ने बार - बार बेटियों को कुछ नारी धर्म की रीति सिखाई
बारंबार गले लगाकर उन्हें प्यार से सुंदर पालकियों पर बैठाई।
जानकी जिनके संग खेलती गाती दास दासी सीता के जितने थे
जनक ने सबको सीता संग भेज दिया मिथिला सारे ब्याकूल थे।

ब्याकुल थे सब नगर के लोग तभी बाजे बजे, मंगल सगुण हुए
पालकियाँ उठते ही सबने जय शिव जय गणेश की ध्वनि किए।
देवताओं ने पुष्प वर्षाये अप्सराओं ने मिल कर गाया गान
विविध ढोल झांझ नगाड़े बजने लगे अवधपति ने किया प्रस्थान।

राजा दशरथ ने सब लोगों से मिल जनकपुरी से माँगी विदाई
जो सब जन संग संग चल रहे थे सभी को आदर से लौटाई।
बाकि सब तो लौट गए पर मिथिलपति साथ चलते ही रहे
वे प्रेम विभोर सब सुध बुध विसराये वे लौट नहीं पा रहे थे।

कौशल नरेश ने उन्हें तब समझा बुझा लौटने को राजी किया
दोनों समधी ऐसे गले लिपट गए यह वही समझे जिसने देखा।
तब हाथ जोड़ विनति की जनक ने नेत्रों से बह रही अश्रु धारा
विनय क्या करुं हे नरेश अपकी मैं तो निज भाग हुआ बावरा।

हे राजन अपने जो मुझे दी है मान बड़ाई, इसे कहाँ मैं सँजोऊँ
मैं तो बस पल पल पिघल रहा हुँ क्या खोऊँ और क्या पाऊँ।
राजा जनक ने तब मुनि मंडलियों को भी अपना झुकाया शीश
सबने उनकी प्रसंशा कर उन्हें दिया खूब आशीर्वचन अशीष।

तब फिर राजा जनक अपने चारों जमाता से मिले खूब प्रेम पूर्वक
और हाथ जोड़ राम से बोले प्रशंशा आपकी क्या करुं हे रघुवर।
आपका तो सदा निवास होता है भक्त, मुनियों, शिव के हृदय में
सर्वब्यापक ब्रह्म चिदानंद राजहंस हैं आप महादेव मानसरोवर के।

मोह ममता त्याग जिनके गुणों के योगी जन करते नित ध्यान
जिन्हें न कोई पुर्ण समझता नेति नेति कह करते गुणगाण।
समस्त सुखों के मूल आपही हो जो मेरे नेत्रों के विषय बने
हे तीनों लोकों के स्वामी, जीवन लाभ सब आज मेरे सफल हुए।

ईश्वर यदि अनुकूल रहे तो बस सब लाभ ही लाभ होता है
थोड़ा सा भी यह प्रेम मिला तो सारा जगत प्रपंच धोखा है।
हे राम आज मेरे सौभाग्य की क्या की जा सकती तुलना है
मेरे इस थोड़े से प्रेम को जब आपने स्वयं पहचान लिया है।

बार बार यही है विनय हमारी मैं अब आपको कभी न भूलूँ
चर अचर सभी संग चल कर भी अपके चरण कभी न छोड़ूँ।
ऐसा कह मिथिलापति ने निर्निमेष नेत्रों से पुत्रियों को देखा
और अपने बढ़ते कदम को मिथिला की तरफ मोड़ लिया।
जय गौरी गणेश

वर्ग ख - भागवत पुराण से प्रेरित

7

चौबीस गुरुओं की शिक्षा

एक बार मर्मज्ञ राजा यदु ने देखा --

एक त्रिकालज्ञ अवधूत निर्भय विचर रहे हैं

राजा यदु ने उन्हें प्रणाम कर पूछा --

प्रभु, आप बिना कर्म किए इतना निर्भय हो

सृष्टि में कैसे निर्भय भ्रमण करते हैं --

यह निपुण बुद्धि कहाँ से प्राप्त हुई है ?

तब अवधूत दत्तात्रेय जी ने कहा --

मैंने इस जगत के चौबीस गुरुओं से

ग्रहण किया है शिक्षा, जो सत्य और अटल है,

यह शिक्षा यदि कोई पा ले तो बाकि सब कुछ भ्रम है

सुनो ध्यान से उन गुरुओं के नाम कहता हुँ --

उनके नाम हैं, पृथ्वी, वायु, आकाश, जल, अग्नि

चंद्रमा, सूर्य, कबूतर, अजगर, समुद्र, कुकुरपक्षी,

पतंगा, भौंरा, हाथी, हरिण, मछली, सर्प, मधुहर्ता,

बालक, कन्या, शरकृत, भृंगी, मकड़ी, पिंगला-वेश्या --

इन्हीं चौबीस गुरुओं के ज्ञान मैं सदा धारण करता हुँ

और पूरी सृष्टि में मैं सदा निर्भय घूमते रहता हुँ।

उनकी शिक्षा को तुम भी चित्त में धारण करो

और जगत को जीत लेने का तुम प्रयास करो।

प्रथम गुरु मेरा पृथ्वी है, जिससे धैर्य क्षमा सीखा

दूसरा गुरु वायु जिनसे प्राणरक्षार्थ आधार सीखा,

आकाश से सीखा विशालता, एक रूप बनना

जल से स्निग्धता, स्वच्छता शुद्ध मधुरभाषी होना,

सर्वभक्षी अग्नि, किसी का गुण दोष नहीं गुनती,

चंद्रमा शरीर नष्ट होने पर भी रहता अविनाशी,

सूर्य एक पर अनेक तलाब में प्रतिबिंबित होता

प्रेम का साथ कभी मत छोड़ो, कबूतर से सीखा,

अजगर जैसे साधक नींद्रा में भी अनिंद्रित होता

कुछ चेष्टा न करने पर भी कर्मेन्द्रिय तत्पर रहता,

समुद्र गंभीरता सिखाता अथाह भाव से रहना

कुकुर पक्षी सदा कहती धन संग्रह मत करना,

अशक्ति विनाश का कारण पतंगा बतलाता है

सारे शास्त्र ग्रहण उचित, भौंवरा यही कहता है,

पैरों से भी न छू स्त्री को हाथी याद दिलाता है

हथिनी के लालच से हाथी बंधन में फंस जाता है,

एक भजन छोड़ मोहक गान से कभी नहीं ललचाना

हरिण यही कहता माधुर्य में तुम कभी नहीं फंसना,

मधुर संगीत से रिझा जैसे हिरण फँसाया जाता है

स्त्री माधुर्य में प्राणी वैसे ही फंसते चला जाता है,

मछली बड़ी चटोरी कांटे के मांस खाने दौड़ती

और यह बहुमूल्य जीवन कांटे में फंसा गंवा देती,

सर्प से शिक्षा मिली गृह निर्माण की नहीं जरूरत

मधुहर्ता बोला, पापी मौज मनाते दूसरों के दौलत पर।

बालक सदा परमानन्द में रहते

मान अपमान से उन्हें क्या करना

उनका हृदय तो स्वच्छ होता है

वहाँ छल छिद्र का कहाँ रहना।

एक कुमारी कन्या यत्न पूर्वक

एकबार धान कूट रही थी,

कलाई की चूड़ियाँ बजकर

उसका ध्यान भटका रही थी,

उसने कलाई से एक चूड़ी छोड़

सारी चूड़ियों को उतार दी,

और शोर जैसे ही बंद हुआ वह

ध्यान को कामों में टिका पाई।

भीड़ से सदा शोर होता है

मैंने यह देख सीख लिया

तब से अकेले ही रहना

मुझको प्रिय लगने लगा।

एक शरकृत बाण की नोक

पैनी करने में ध्यान लगाए था

उधर से एक बरात निकल गई

पर उसको इसका पता न चला

उससे अपने ध्यान को केंद्रित

करने की सीख मुझको मिली।

भृंगी पोका किसी अन्य पोंके को

पकड़ अन्यत्र जब बंद कर देता है

वह पोका भृंगी को ही स्मरण

करते करते स्वयं भृंगी बन जाता है।

यहाँ एक महत्वपूर्ण बात सीखा,

सतत ध्यान किसीका करने से

जीव उसी के रूप गुण आचरण

में परिवर्तित हो जाता है।

मकड़ी से सीखा ईश्वर स्वतंत्र है
सृष्टि के सृजन पालन संहार में,
जैसे मकड़ी अपना जाला खुद
बुनती फिर नष्ट भी कर देती है।
एक पिंगला वेश्या जो पुरुषों को
फंसा कर धन ऐंठा करती थी,
और खुद को चतुर समझ पति को
हरदम ठेंगा दिखाया करती थी
एक दिन कोई ग्राहक नहीं आया
और उसका मन बड़ा दुखी हुआ,
"मैं कितना मूर्ख हुँ," वह बेचैन हुई
अपने पति छोड़ पर पुरुष के
चक्कर में सदा मैं पड़ती रही,
मनुष्य शरीर कितना है घृणित
फिर भी मैंने इसी में शरण लिया
अब सिर्फ श्रीकृष्न से रमन करूंगी,
ऐसा मन में उसने ठान लिया
ऐसा सोच उसने की घोर तपस्या
क्योंकि वह तो थी एक विशिष्ट अप्सरा
जो पाप कारण बन गई थी वेश्या,
उससे सीखा "जब जागो तभी सवेरा"।
ये ही मेरे चौबीस गुरु हैं जिनका ज्ञान मैं
चित्त में सदा सदा धरण करता हुँ।
जो प्राणी इसकी गूढ़ता समझेगा
वह इस जग को कर निर्वहन लेगा।

ॐ श्री हरी

8

ब्रह्माजी का मोह भंग

जंगल में गाय चराने गए ग्वाल सखा संग मिल कान्हा

बहुत दिन चढ़ गया सुध न रही करते हुए बहुत लीला

ग्वाल-बाल गोला कर बैठा, मध्य में शोभ रहे थे कृष्णा

सब मिल भोजन में हुए मस्त, दूर निकले बछड़ा गैया ॥

ब्रह्मा जी ने बैठे सोचा क्यों न करुं प्रभु संग कुछ लीला

ऐसा सोच ब्रह्मा ने सारे बछड़ों को दिया कहीं पर तुरत छिपा

बछड़ों को नहीं देख प्रभु निकले ढूँढने सखा संग

और कृष्ण के ओट होते ही गोपों को ब्रम्हा ने छिपा दिया तत्क्षण॥

कृष्ण यमुना तट तक गए पर न दिखे कहीं गोप बछड़ा

अंतर -चक्षु से जाना प्रभुने,यह सब ब्रह्मा ने है किया

प्रभु स्वयं गोपों बछड़ों के रूपों में तुरत हुए परिवर्तित

ब्रह्मा संग सारे गोप- माताओं को भी करने को आनंदित ॥

सब गोपों के जैसे थे शील, स्वभाव, हाथ, पैर, छड़ी बाँसुरी

सभी ग्वाल जैसे गैया चराते, खाते सब कुछ हुआ वैसा ही

गोप बछड़ों के रूपों में प्रभु नाना रूप करने लगे लीला

सारे गोप गौवों को प्रभुने, सब के घर तक जा दिया पहुंचा॥

घर में राह देखती माताएं प्रभु को पुत्र समझ गले लगाया

गोपियों ने जो कभी प्रभु को पुत्र रूप पाने की, की थी इच्छा

आज ग्वाल बन सब की इच्छा कृष्ण ने सूद समेत लौटाया

ग्वाल बने प्रभु को गोपियों ने अपने हाथों से भोजन करवाया ॥

उबटन मल नहला कर मातायें भाल चंदन तिलक लगाया

और गोपियों ने प्रभु को हृदय लगा कर अपना दूध पिलाया
प्रभु हर घर में नाना रूपों में करने लगे विविध शिशु क्रीड़ा
अंतर्यामी प्रभु ने गोपियों के संग ब्रह्मा जी को भी भरमाया ॥
एक वर्ष होने चला प्रभु ग्वाल बछड़े बन सबके मन में रहते
ब्रह्मा ने सोचा मैंने तो ग्वाल गौवों को छिपा रखा है कब से
एक दिन कृष्ण बलराम दोनों साथ गौवा चराने वन में गए
और बछड़े गायें चरते चरते गोवर्धन की चोटी पर चढ़ गए ॥
देखा वहीं दूर उनके अपने बछड़े ग्वालों संग घास चर रहे थे
बछड़े अपनी मांओं को देख चरना भूल माता से आ लिपटे
गौवें अपने बछड़े पहचान वात्सल्य से भर कर उन्हें चाटने लगीं
और बछड़ों के साथ- साथ सारे गोप बाल भी आ पहुंचे वहीं ॥
बलराम जी ने पूछा तभी कृष्ण से ये माया जाल कहाँ से आया
यह सब ब्रह्मा जी की करतूत है कृष्ण ने तब उन्हें बताया
इधर ब्रह्माजी ने ब्रज में आ सारे ग्वाल गौवों को यथावत देखा
ये तो मेरी माया शय्या पर सोये पड़े थे यहाँ ये कैसे आए सोचा ॥
ये वैसे उतने ही बछड़े गोप बालक संग भगवन कैसे खेल रहे हैं
कुछ पहचान न थी कौन से पहले कौन बाद में बना दिए गए हैं
जो ब्रह्माजी श्री भगवन को अपनी माया से मोहित करने चले थे
वही अजन्मा ब्रह्मा आज अपने ही रचित माया में उलझ गए थे ॥
ब्रह्माजी विचार रहे थे तभी ग्वाल बछड़ा कृष्ण रूप दिखने लगे
सब-के-सब चतुर्भुज रूप धारी ब्रह्मा जी के सन्मुख प्रकट हुए
श्री भगवन के तेज के सन्मुख ब्रह्मा निस्तेज हो निस्तब्ध हुए
ब्रज के एक देवता की तरह बस ब्रह्मा पुतली बन के रह गए ॥
ब्रह्माजी सजग हो, हाथ जोड़ तब करने लगे श्री कृष्ण की स्तुति
वहाँ की सारी माया प्रभु श्री कृष्ण मुख में समा गई आकर तभी
और श्री कृष्ण, ब्रह्मा जी को देख बाल रूप लगे मुस्कुराने
तब कृष्ण की परिक्रमा कर अपने धाम को प्रस्थान किया ब्रह्मा ने ॥

9

देवर्षि नारद द्वारा
भगवान कृष्ण की दिनचर्या वर्णन

भगवान कृष्ण ने नरकासुर को मार कर

आठ हजार कुमारियों संग विवाह किया

ऐसा सुनकर नारद जी ने सोचा

इतनी रानियां और अकेले प्रभु कैसे रहते होंगे भला।

वे तो बस इसी उत्सुकता से भर कर

तुरत द्वारिका पहुँच गए देखने को प्रभु की लीला

वे भूल गए लीलाधर प्रभु के नख पर विराजती है माया।

वे द्वारिका के एक महल --

हाथ में वीणा ले आ पहुंचे उत्सुकतावश

उन्होंने देखा द्वारिका के अनुपम सरोवर

सभी में भरे हुए थे निर्मल शीतल जल

भांति भांति के सुंदर खिले हुए थे कमल

हंस सारस चकोर मिल करते थे कलरव

सारी मादकता वहीं पर करती थीं हलचल

झलकती स्फटिक मणि के नौ लखा महल

फर्श पर चांदी की चादर, और मणि मरकत।

अनेकों स्वर्ण हीरे पन्ना चमक रहे थे

राजपथ चौराहे बाजार सभी मनमोहक थे।

महल के अन्तःपुर का क्या कहना

जहां शोभित थी रानियाँ सोलह हजार।

उत्तम उत्तम मूँगे के थे खंभे छज्जे
जिसमें मोतियों की लड़ी थी लटकती
और हाथी दांत के पलंग मणि जड़ी
इन्द्रनील मणि की दीवारें थी चमकती।
प्रभु श्रीकृष्ण रुक्मिणी संग बैठे थे वहीं
दासियाँ स्वर्ण चँवर से हवा थी कर रही
नारद को देखते ही प्रभु उठ खड़े हुए
संग संग शीश नवाती खड़ी थीं रुक्मिणी
प्रभु ने मुनि का आदर कर आसन दिया
उनका चरण पखार चरणामृत सिर रखा।
नारद जी प्रभु की स्तुति लगे करने
प्रभु जहां भी रहूँ आपका ही ध्यान रहे।
फिर मुनि ने दूसरी रानी के घर जा देखा
प्रभु पत्नी, उद्धवजी साथ चौसर खेल रहे थे
प्रभु ने नारदजी को देख उठ आसन दिया
नाना विधि मुनि का पूजन अर्चन किया।
फिर तुरत उठ नारदजी अन्य महल में गए
वहाँ प्रभु अपने बच्चों संग खेल रहे थे।
तीसरे महल में जा देखा नारद जी ने
प्रभु वहाँ स्नान करने जाने को तत्पर थे।
किसी और महल में प्रभु को नारद जी ने
पूजन अर्चन महा यज्ञ करते पाया।
तो कहीं ब्रह्मण भोजन कराकर प्रभु को
यज्ञ का अवशेष ग्रहण करते देखा
कहीं वे हाथ में ढाल तलवार ले
युद्ध करने के पैंतरे बदल रहे थे।

तो कहीं बंदीजन उनकी स्तुति करते थे

कहीं मंत्रियों संग गहन चिंतन में भूले थे

कहीं प्रभु उत्तम उत्तम रमणियों संग

यमुना में जल-क्रीड़ा करने में रमे हुए थे।

वस्त्र आभूषण से सज्जित गौवों का

कहीं पर श्री कृष्ण विप्र को दान दे रहे थे।

कहीं पर अपनी रानी मंत्री संग मिल

प्रभु इतिहास पुराण श्रवण कर रहे थे।

कहीं धन संग्रह धन उपार्जन कार्यों की

गृहस्थोचित ब्यवस्था कर रहे थे।

जितने महल थे उतने ही काम

सब धर्मानुकूल गृहस्थोचित उपनाम।

गुरुजनों के चरणों में बैठ कहीं

सुन रहे थे वे वेद शास्त्र पुराण।

नारदजी ने प्रभु की ऐसी योगमाया से

चकित हो भगवन से जाने की आज्ञा माँगी

प्रभु ने हंस कर कहा -- हे मुनि नारद अब

मेरी माया से विस्मित मत होना कभी।

हरे कृष्ण

10

कलियुग के धर्म

शुकदेव जी बोले - हे परीक्षित, समय बड़ा बलवान है होता
जैसे जैसे घोर कलियुग आता है-धर्म सत्य क्षमा पवित्रता
दया आयु बल स्मरणशक्ति प्रेम अपनापन दान शीलता
सदाचार सभी कुछ कलियुग के गर्भ में है प्रवेश कर जाता।

जिनके हाथों में होते धन वही माने जाते हैं सद्गुण संपन्न
जिनके हाथों में होगी शक्ति धर्म न्याय में उनको ही भक्ति
विवाह संबंध में कुल शील योग्यता का न कुछ मायने होगा
युवक युवती के आपसी आकर्षण ही विवाह में महत्व रखेगा।

ब्यक्ति की निपुणता सच्चाई ईमानदारी का कुछ मोल नहीं
ब्रह्मण की पहचान यज्ञोपवीत से होगी, उनका ज्ञान नहीं
धनवान चोर लुटेरों को ही सदा समुचित न्याय मिल पायेगा
सच्चे गरीब साधु महात्मा वहीं दंड का भागी कहलाएगा।

ब्रह्मण क्षत्रिय शूद्र में जो सबसे अधिक होगा बलवान
जन समुदाय समाज उसी को बनाएगी राजा श्रेष्ठ महान
ऐसे राजा के राज्यों में कृषि लायक वर्षा कभी कभी होगी
उनकी जनता कंदमूल मांस मदिरा गुठली खा पेट भरेगी।

अधर्मी राजा के राज्यों में प्राकृतिक आपदा होते रहती है
कभी जाड़ा पाला आंधी बाढ़ सुखाड़ कभी गर्मी पड़ती है
ऐसे राज्यों की अधिकांश प्रजा सदैव संघर्ष करते रहती है
तभी कलियुग में मनुष्य की आयु भी बहुत कम होती है।

राजे महराजे भी सभी डाकू लुटेरे की तरह होते हैं
झूठ चोरी बेमानी हिंसा अपराध समय समय करते हैं
कुकर्म कर करके सब अपनी-अपनी जीविका चलाते हैं
कलियुग के अधिकांश मनुष्य दुस्सह दुख में ही पड़ते है।

इस काल में वही उबरता है जिन पर प्रभु कृपा करते है।
उन्हीं पर प्रभु कृपा करते हैं जो प्रभु नाम हृदय जपते हैं
इस कलिकाल में धर्म यज्ञ सत्य सेवन बहुत मुश्किल है
इस कलियुग में एक हरी नाम जपना ही बड़ा पूजन है।

जब भगवान कल्कि अवतार लेंगे तब सब बदल जाएगा
कल्कि पुरुष अवतार से कलियुग का अंत समझा जाएगा
सतयुग का प्रवेश और मनुष्यों में सद्गुण का संचार होगा
तब फिर सभी वर्णों धर्मों का पृथ्वी पर विस्तार होगा।
जय श्री हरी

11

तृणावर्त का उद्धार

शुकदेवजी बोले, हे परीक्षित शिशु कृष्ण ने जब पहली करवट बदली
तो नंद गृह में बड़ा उत्सव होने लगा प्रथम शिशु के करवट लेने की।
यशोदा माता ने शिशु को तिलक कर सुला दिया एक छकड़े के नीचे
पुत्र का अभिषेक कर वे स्वयं चली गईं अपने काम काज निपटाने।
कुछ समय पश्चात अचानक शिशु श्री कृष्ण लगे जोर- जोर से रोने
और रोते हुए ही वे अपने पाँव लग गए जोर जोर से उछालने।
तभी वह छकड़ा उलट गया टकराते ही छकड़े से प्रभु के नन्हें पाँव
और वह छकड़ा एक विशाल राक्षस बन धरती पर गिर मरा धड़ाम।
इस प्रकार से श्री कृष्ण ने हिरण्याक्ष के पुत्र उत्कच का उद्धार किया
भगवन के चरण स्पर्श पा उत्कच श्राप केंचुल से भगवत रूप हुआ।
इस घटना को देखते ही सारे ग्वाल बाल गोप गोपियाँ ब्याकुल हुए
ब्राह्मणों ने मिल दही हल्दी अक्षत कुश ले श्री हरि की नजर उतारे।
विह्वल यशोदा ने श्री कृष्ण को गोद उठा मुख चूम दुग्ध पान कराया
शिशु की विपत्ति टालने की गोपियों ने हरि का धन्यवाद किया।
एक दिन, श्री कृष्ण को गोद में ले माता यशोदा प्यार जता रही थी
सहसा शिशु बड़ा वजनी बन गया चट्टान या लौह थंभ से भी।
शिशु बोझ से दबकर माता ने शिशु को उतार पृथ्वी पर रख दिया
तृणावर्त, कंस का एक दैत्य आया था श्री कृष्ण को इसका ज्ञान हुआ।
तुरत तृणावर्त बवंडर बन गया, जमीन से शिशु को गगन में ले उड़ा
पूरे गोकुल को धूल आंधी से ढंक, लोगों की शक्ति भी हर लिया।
तभी यशोदा ने कृष्ण को पृथ्वी पर न देखा तो कोहराम मचने लगा

और बवंडर तृणावर्त कृष्ण के बढ़े भार को सहने में असमर्थ हो गया।

वजन के कारण वेग कम गया, पर गोकुल रजकण से अंधकारमय था

तभी बाल कृष्ण तृणवर्त का गला दबा उसे नीचे ले पृथ्वी पर गिरे आ।

और उसका प्रभु कृष्ण के स्पर्श पाते ही राक्षस-- योनि से उद्धार हुआ

नंदबाबा ने कृष्ण को सही सलामत देख यज्ञ कर विप्रों को दान दिया।

कोई भी यह भेद न समझा सारा गोकुल शिशु सलामती से खुश हुआ

इसी प्रकार कन्हा पर विपत्तियां आती फिर स्वयं ठीक भी हो जाती।

एक बार की बात है यशोदा श्री कृष्ण को दूध पिला मुख चूम रहीं थीं

तभी श्री कृष्ण ने अपना मुंह खोल मुसकुराते हुए जोर से जंभाई ली।

शिशु के मुंह खोलते ही माता को उस छोटे से मुख में लगा दीखने

सारा अकाश, अंतरिक्ष, सारे ज्योतिर्मंडल, सूर्य, चंद्र, अग्नि, वायु, दसों दिशायें,

समुद्र, द्वीप, वन, पर्वत, नदी, चर, अचर—घबड़ाआँखें बंद कर ली यशोदा ने।

पुनः जब उन्होंने आँखें खोलीं वहाँ कुछ न था, शिशु गोदी में सोया था

और यशोदा का मस्तिष्क कुछ न समझ किंकर्तव्यविमूढ़ हो गया था।

इसीप्रकार श्रीकृष्ण गोकुल वासी संग नित्य नए नए चरित करते रहते थे

साथ--साथ कंस द्वारा भेजे राक्षसों को भी संहार कर मुक्ति देते जाते थे।

हरे हरे

12
नृग राज की कथा

एक दिन साम्ब, प्रद्म्न, चारुभान, गद
आदि किसी उपवन में घूमते घूमते पहुंचे
उन्हें प्यास लगी थी पर जल कहीं न था
एक कूँयें तक वे जल ढूँढ़ते हुए जा पहुंचे
उन्होंने कुएं के अंदर झांक कर देखा, पर
वहाँ जल नहीं एक पर्वताकर गिरगिट था।
यदुवंशियों को उस गिरगिट पर दया आई
उन्होंने उसे निकालने का बड़ा प्रयास किया
परंतु अथक प्रयास उपक्रम करने के बाद भी
वह गिरगिट बाहर नहीं निकल पाया।
वापस लौटने पर उनलोगों ने श्री कृष्ण से
इस अविश्वसनीय घटना की चर्चा किया
जब श्री कृष्ण कुएं पर आए उन्होंने देखा
वह गिरगिट नहीं एक स्वर्गीय देवता था।
तत्पश्चात श्रीकृष्ण ने खेल खेल में ही अपने
बाँयें हाथ से उस गिरगिट को निकाल दिया
बाहर आते ही गिरगिट का रूप परिवर्तित हो
एक स्वर्गीय दिव्य पुरुष का बन गया।
उस दिव्य पुरुष से उन लोगों ने परिचय पूछा
प्रथम उसने भगवन श्रीकृष्ण को प्रणाम किया
''मैं महाराज इक्ष्वाकु का पुत्र राजा नृग हुँ''

पुनः उसने सम्मान पूर्वक उत्तर दिया।

मैं पूर्व जन्म में बड़ा प्रतापी दानी राजा था

विप्रों को सैकड़ों गौवें दान दिया करता था

एक दिन किसी अप्रतिग्रही की गाय मेरी

गौवों में कैसे आ मिली मुझे पता नहीं चला

और मैं अनजाने में वह दान्य गाय भी

किसी अन्य ब्रह्मण को दान में दे दिया।

फिर बाद में दोनों ब्रह्मण उसी एक गाय को

लेकर आपस में भारी कलह करने लग गए

मुझे पता चलने पर मैंने वह गाय

प्रथम ब्रह्मण को लौटा देने को कहे

परंतु दूसरे ब्रह्मण ने गाय वापस नहीं किये

और मुझे दान्य वस्तु को दान का पाप लगा।

इस अनजाने में किए हुए पाप के कारण

मैं बहुत दुखी और चिंतित रहने लगा

मेरी आयु पूरी होने पर यमराज ने पूछा,

पहले पाप का फल भोगोगे या पुण्य का

मैंने कहा, पहले पाप का, -- "तुम गिर जाओ"

यमराज बोले और मैं तत्क्षण गिर पड़ा।

स्वर्ग से गिर मैं गिरगिट योनि में आ पड़ा

तभी से श्री कृष्ण की प्रतीक्षा कर रहा था

आज श्री कृष्ण के स्पर्श पाते ही मैं

प्रभु कृपा से पाप कूप से बाहर आया

ॐ नमो श्री कृष्णाय नमः

13

ऋचीक, जमदग्नि और परशुराम चरित्र

शुकदेवजी कहते हैं --

उर्वशी के छह पुत्रों में से थे एक ऋषि विजय

विजय ऋषि के पुत्र होत्र, पौत्र ऋषि जहनु हुए

जहनु ने गंगाजी को अंजली में भर पी लिया था।

जहनु के पौत्र अजक और अजक के पुत्र कुश

और इन्हीं कुश ऋषि का पुत्र कुशाम्बु हुआ था।

कुशाम्बु पौत्र गाधि की पुत्री सत्यवती हुई

महर्षि ऋचीक ने जिनके हाथ की याचना

उसके पिता ऋषि गाधि से स्वयं की थी।

पर उन्होंने एक शर्त रखा कहा—

एक सहस्त्र सफेद घोड़े जिनके कर्ण श्याम हो

पहले मुझे कुछ भी उपाय कर ला के दिखाओ,

ऋचीक ने वैसे घोड़े कुबेर से मांग कर ला दिए

और सत्यवती से विवाह कर सुख से रहने लगे।

एक बार ऋषि पत्नी और एक अन्य स्त्री ने भी

ऋषि से एक साथ ही आग्रह किया पुत्र प्राप्ति की

ऋषि ने स्वीकार कर दोनों के नाम चरु पकाये

फिर ऋषि स्वयं स्नान करने नदी में चले गए।

इसी मध्य दोनों स्त्रियों ने चरु आपस में बदल लिया

वापस आ ऋषि देख बड़ा घबड़ाये, पत्नी से कहा --

हे प्रिये, तुमने बड़ा ही अनर्थ कर डाला।

अब तुम्हारा पुत्र अत्यंत उद्दंड दुष्ट प्रकृति होगा

और दूसरी को धर्मपरायण ब्रह्मवेत्ता पुत्र प्राप्त होगा।

मुझे धर्मात्मा पुत्र दें, पत्नी ने रोते हुए क्षमा मांग कहा,

सत्यवती के विनय करने पर ऋषि ऋचीक बोले --

अब पुत्र नहीं तुम्हारा पौत्र धर्मात्मा और ज्ञानी होगा।

पुत्र जन्मोपरांत सत्यवती एक नदी में परिणत हो गई

कौशिकी नदी नाम से जगत का कल्याण करने लगी

उसी कुल में जमदग्नि--पुत्र परशुराम का जन्म हुआ

हैयहैवंश के नाश हेतु हरी ने स्वयं अंशअवतार लिया।

इसी हैयहैवंश में एक बहुत पराक्रमी राजाअर्जुन हुआ,

जिसने दत्तात्रेय का तप कर स्हस्त्रबाहु का वर पाया

और सहस्त्रबाहु अर्जुन के नाम से जगत विख्यात हुआ।

एक बार शिकार करते हुए सहस्त्रबाहु अर्जुन भटक गया

और हैयहैय वंशी जमदग्नि मुनि के आश्रम जा पहुँचा।

वहाँ कामधेनु देख उसके मन में लालच समा गया

बलपूर्वक उसने मुनि से कामधेनु को छीन लिया

कामधेनु ले वह अपनी नगरी महिष्मती चला गया।

पता चलते ही परशुरामजी धनुष बाण फरसा ले दौड़े

सेना नष्ट कर उसकी सारी भुजायें फरसे से काट डाले।

पहाड़ की चोटी जैसा सिर को धड़ से अलग कर दिया

और कामधेनु को लौटा अपने पिता श्री को वापस किया।

पिता ने आज्ञा दी, बेटा तीर्थों का सेवन कर पाप धो डालो

तुमने राज हत्या का पाप किया है, जा कर पश्चाताप करो।

यही परशुराम शिवधनुष टूटने पर

सीता के स्वयंवर में क्रोधित हुए थे
और पुनः अपने प्रभु को पहचान
धनुष राम को दे तप को चले गए थे।
ॐ तत्सत हरी हरी

14
सृष्टि वर्णन

शुकदेव जी बोले,
विराट भगवन ब्रह्मांड को छेद प्रकट हुए
बाहर आ रहने की जगह तलाश करने लगे।
तब विराट पुरुष ने अपने नाभी से
जल का सृजन किया
उनके नाभी से उत्पन्न होने से
जल का नाम नार पड़ा।
फिर एक हजार वर्ष विराट पुरुष
ने नगर में निवास किया
हजार वर्षों तक नगर में रहने से
उनका नाम नारायण पड़ा।
फिर नारायण ने योग निंद्रा से
जाग अपने स्वर्णिम वीर्य को
तीन हिस्सों में बाँटा जो अधिदेव,
अध्यात्म, अधिभूत कहलाया।
हिलने डुलने से उनके शरीर से
आकाश स्थित रोम झड़ने से
शरीरबल, इंद्रियबल, और मनोबल
तीनों की भी उत्पत्ति हुई।
तब इनके मुख से तालु, तालु से
रसनेन्द्रिय भी प्रकट हुई

और इन सबके स्वामी प्राण की

भी उसी समय उत्पत्ति हुई।

फिर बोल चाल की इच्छा से

वाक इन्द्रिय उद्दत हुआ

जिनके अधिष्ठाता रूप अग्नि देव

का भी प्राकट्य हुआ ।

सूंघने के लिए घ्राणेंद्रिय, गंध फैलाने

हेतु वायु देव प्रकट हुए

देखने वास्ते नेत्रेइंद्रिय भी आदिष्टता

सूर्य के संग संग उत्पन्न हुये।

इन्हीं इंद्रियों के द्वारा किसी भी

रूप का ग्रहण होने लगा

फिर उष्ण, शीतल, कोमल स्पर्श वास्ते

त्वचा का निर्माण हो गया।

त्वचा के ऊपर रोमछिद्रों ने उग पूरे

इंद्रिय को बाहर से ढँक दिया

और कर्म करने के लिए कर्मशक्ति

के रूप में हाथ प्रकट हुआ।

फिर चलने की इच्छा होने से ही

चरणेन्द्रिय पाँव उत्पन्न हुआ

और वहीं अधिष्ठाता रूप यज्ञ पुरुष

विष्णु स्वयं वहीं स्थित हुए।

संतान रति और स्वर्ग कामना हेतु

लिंग का भी निर्माण हुआ

मल त्याग के वास्ते गुदा द्वार के

देव, पायु उत्पन्न हुआ।

एक शरीर से दूसरे शरीर में प्रवेश

पाने के लिए नाभी द्वार

और उसीसे आपण एवं मृत्यु के

देवता यम भी प्रकट हुए।

इन्हीं दोनों के आश्रय से प्राण और

अपान का विछोह मृत्यु और

माया का विचार करते ही हृदय की

भी तुरत उत्पत्ति हो गई।

इसी प्रकार आकाश, जल, वायु से

प्राणों की भी निर्माण हुवा

अन्न जल ग्रहण करने को पेट और

अंतड़ियों का निर्माण हुवा।

विराट पुरुष के शरीर में ही पृथ्वी

जल तेज से सात धातुएं

त्वचा, चर्म, मांस, हड्डी, मज्जा, मेद

और रुधिर का निर्माण हुआ।

इसी तरह विराट पुरुष ने सृष्टि के

सारे ही प्रधान क्रिया कर्म

और समस्त तत्वों का अपनी मर्जी से

जगत में तत्वावधान किया।

जय श्री हरी

15

श्री कृष्ण की महत्वपूर्ण लीलाएं

लीलाधर श्री कृष्ण तो लीला करने में थे प्रवीण

गोकुल में अवतरित वे लीला करते रहते नवीन।

प्रथम देवकी गर्भ से जन्म लिया पर यशोदा लाल कहलाये

जन्म लेते ही माता पिता को अपना चतुर्भुज रूप दिखलाये।

छः दिन की अवस्था में ही उन्होंने पूतना वध कर डाला

और अपने नामकरण के दिन ही तृणवर्त को मार दिया।

गोपियों को भरमाते रहते माखन चोरी कर कर सदा

ऊखल में बंध यम पुत्र यमलार्जुन का उद्धार किया।

कभी खेल खेल में वृत्तासुर, वकासुर को मार गिराया

ग्वाल सखा संग मिल कभी बाल चरित से भरमाया।

ब्रह्माजी का मोह भंग करके स्वयं ग्वाल बछड़े बन गए

प्रभु को इन रूपों में देख तो ब्रह्मा जी बड़े लज्जित हुए।

धेनासुर वध, कालिया मर्दन, और कभी अग्निपान किया

आग से ग्वाल गायों को बचाकर अघासुर को मोक्ष दिया।

अरिष्टासुर का भी वध किया जो बैल रूप धर आया था

और कालिया नाग नांथ कर यमुना को विषमुक्त किया।

जरासंध, बानरराज का कृष्ण ने भरी सभा में संहार किया

शम्बरासुर, नरकासुर, बाणासुर, कूबलयापीड़ ने मोक्ष पाया।

मुष्टिक, चाणुर, कूट, तोशल, शल को भी कुश्ती में मारा

और प्रलम्बासुर का वध बलराम दाऊ से करवा दिया।

केशी शंखासुर मुसर नरकासुर कालयवन भी नष्ट हुआ

जाम्बवान को मार स्यमंतक मणि जामवन्ती को ला दिया।

युधिष्ठिर के राजसूय यज्ञ में चेदिराज, शिशुपाल, दन्तवक्त्र

और ग्वालरूप धर आये ब्योमासुर का भी उद्धार किया।

पग प्रहार से कुब्जा कुबड़ी का कूबड़यापन मिटा डाला

पुनः अपने मामा कंस को मार पापों का विनाश किया।

सबसे बड़ा महाभारत रच धरती का बोझ नष्ट किया

अंत में पूरे यदुकुल को खुद में ही लड़ा संहार किया।

श्राप पुर्ण करने हेतु ब्याध हाथों खुद का वध करवाया

और समुद्र में डुबो कर पूरे यदु वंश का भी विनाश किया।

सो, तुम समझ रे प्राणी, जग में कुछ भी चिर नहीं होता

यह संसार प्रभु की लीला है वहीं से शुरु वहीं खत्म होता।

ॐ हरी ॐ

16

स्यमन्तक मणि

एक बार प्रभु कृष्ण, बलराम युधिष्ठिर के न्यौते पर

अपनी बुआ के घर हस्तिना पुर गए थे

तभी मौका पा अक्रूरजी और कृतवर्मा

द्वारिका में कुछ कूट नीति लगे करने।

उन दोनों ने शतधन्वा को उकसाकर कहा--

"क्यों नहीं तुम अभी स्यमन्तक मणि

सत्राजित से जाकर लेते हो छीन"

सत्राजित ने सत्यभामा का विवाह हमसे

करने कह कर श्री कृष्ण से कर दिया

सत्राजित ने हमारा तिरस्कार किया,

बदला लेना चाहिए ,अभी ही सही वक्त है।

शतधन्वा ने भी लालच में आकर सत्राजित

को मार स्यमन्तक मणि छीन लिया।

सत्यभामा ने पिता का शव एक तेल-नौका में रखवा

श्रीकृष्ण से सारी बातें कही रोती हुई हस्तिनापुर आ।

भगवान तो पहले से ही सारा वृत्तान्त जानते थे,

वे द्वारिका लौट शतधन्वा को पकड़ने की सोचने लगे।

शतधन्वा ने मणि अक्रूर जी के पास छुपा दिया, और

रोज चार सौ कोस दौड़ने वाले घोड़े पर चढ़ भाग गया।

कहीं दूर निकलता, कि दैवयोग घोड़ा ठोकर खा गिर गया

तब वह घोड़ा छोड़ कर भय वश पैदल ही दौड़ने लगा।

उसी समय श्री कृष्ण ने अपने चक्र से
उसके सिर को धड़ से अलग कर दिया,
लेकिन उसके पास में मणि नही मिला
भगवान बलराम जी से बोले, लगता है,
मणि किसी और के पास रख दिया है,
तब श्रीकृष्ण अक्रूर जी के पास आ बोले चाचाजी,
मुझे पता है, अपके पास है यह स्यमन्तक मणि,
आप जामवंती को मणि दिखाकर संदेह दूर करें
"मणि की खातिर मार डाला था प्रसेण को मैंने" --
ऐसी अफवाह सत्राजित ने फैलाई थी
श्रीकृष्ण और अक्रूरजी दोनों साथ द्वारिका आए
अक्रूरजी ने कृष्ण के माथे लगे कलंक को मिटा दिये।
भगवन ने वह मणि अक्रूरजी को लौटा दिये
अक्रूरजी खुशी खुशी मणि से बहुत सा सोना निकाल
अनेकों पावन सोने की वेदियों वाला यज्ञ करने लगे।
हरी ॐ तत्सत

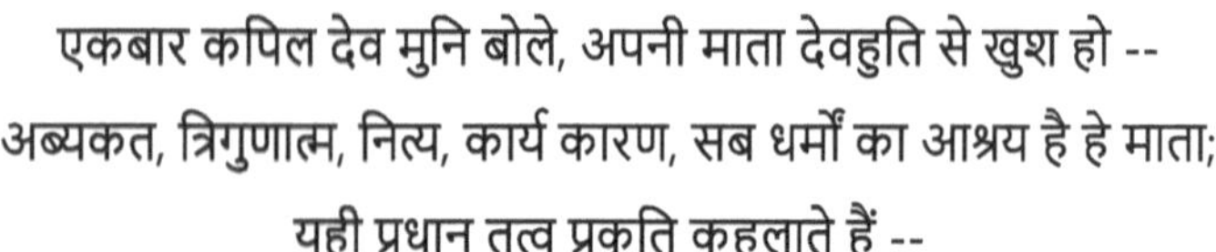

17

वास्तविक अध्यात्म

एकबार कपिल देव मुनि बोले, अपनी माता देवहुति से खुश हो --

अब्यकत, त्रिगुणात्म, नित्य, कार्य कारण, सब धर्मों का आश्रय है हे माता;

यही प्रधान तत्व प्रकृति कहलाते हैं --

दस इंद्रियाँ, चार अन्तःकरण, पाँच तन्मात्रा, पाँच महाभूत

ज्ञानी जन इन्हीं चौबीस तत्वों को कहते प्रकृति कार्य रूप।

जल पृथ्वी आकाश वायु, अग्नि, कहलाते हैं पंच महाभूत

पाँच तन्मात्रा कहे जाते, तेज, गंध, स्पर्श, शब्द और रूप।

रसना, चक्षु, श्रोत्र, पाद, उपादस्थ, पाणि, काक, नासिका, पायु, त्वचा

ये दसों इंद्रियाँ प्राणि के अंदर कार्य करती रहती हैं सदा।

मन बुद्धि चित्त और अहंकार के एक रूप है अन्तः करण

जहां संकल्प चिंता निश्चय व अभिमान के होते हैं लक्षण।

चारों प्रकार की सारी बृत्तियाँ यहाँ सदा परिलक्षित होती

और ज्ञानियों ने भी चौबीस संख्या ही बताई इन तत्वों की।

इनके अतिरिक्त काल का एक और होता पच्चीसवाँ तत्त्व

जहां भगवान की माया सदा ब्याप्त रहती बाहर भीतर।

सत्वगुणमय स्वच्छ ज्ञान की उपलब्धि होती है जो चित्त में

वही महातत्व, अधिभूत, वासुदेव कहलाता है इस जगत में।

अहंकार के अधिष्ठाता उपस्यदेव रुद्र या संकर्षण कहलाते

बुद्धि, इंद्रिय के अधिष्ठता चंद्रमा या अनिरुद्ध हैं कहे जाते।

अहंकार, महातत्व, और पंचभूत आपस में न मिल पाए

ऐसा सोच श्री नारायण अप्रकट सदण ले वहीं समा गए।

तब क्षुधित हो, उन तत्वों से एक तेजोमय अण्ड उत्पन्न हुआ

उसी अंडे के भीतर से एक विराट-पुरुष अभिब्यक्त हुआ।

विराट पुरुष ने पुनः प्रवेश कर उस अंडे में कई छेद किया

प्रथम छिद्र से विराट पुरुष के नयन नक्श मुख प्रकट हुआ।

इसी प्रकार सारे छिद्रों से विराट पुरुष के अंग -- रचना हुई

इन सब के बाद इस विराट पुरुष के हृदय चित्त प्रकट हुई।

और उसी हृदय चित्त से अभिमानी ब्रह्मा का आविर्भाव हुवा

फिरअहंकार, और रुद्र देवता भी शिव नाम सहित प्रकट हुवा।

पुनः चित्त क्षेत्रज्ञ सहित सारे देवताओं का भी आविर्भाव हुआ

और सब मिल एक साथ हो उस विराट पुरुष को उठाने लगे।

पर कोई उठा नहीं पा पुनः उसी उत्पित स्थान में प्रवेश कर गए

वहाँ भी सब साथ मिल परम पिता को उठाने में असमर्थ हुवे।

तभी फिर भक्ति और वैराग्य अपनी एकाग्रता ले प्रकट हुई

और भक्ति वैराग्य मिल विराट पुरुष को उठाने में समर्थ हो गई।

हरी ॐ नारायणाय नमः

वर्ग ग - स्व प्रेरित

18
छोटी छोटी दुर्गा माता

किनकी महिमा आज याद आई
कौन मेरे मन में समाई हैं
छोटी छोटी दुर्गा माता मेरे घर आई हैं
छोटी छोटी दुर्गा माता मेरे घर आई हैं।
छोटे छोटे पाँवों में बाजे पायल रूनझुन
छोटे छोटे हाथों में कंगन खनके खन खन
रुन झुन खन खन मन को लुभाई है
छोटी छोटी दुर्गा माता मेरे घर आई है।
कानों में झूले कुंडल गले हीरक माला
माथे पर बिंदिया शोभे नयन विशाला
नाकों की नथुनी पर जगत घूमाती हैं
छोटी छोटी दुर्गा माता मेरे घर आई हैं।
चोली भी है लाल उनका चुनरी भी लाल है
रंगाजावा फूलों से होता श्रींगार है
प्यारा मुखड़ा सौम्य मुद्रा मधुर मुस्कान है
उठा है हाथ भक्तों को देने वरदान है।
दुर्गा माता याद आई मुझको उन्हीं की
भक्ति मेरे मन में समाई है
छोटी छोटी दुर्गा माता मेरे घर आई हैं
समाप्त

19

अमल और विमल

एक अमल था एक विमल

अमल बड़ा पुजारी था पर विमल बड़ा शराबी था

अमल ईश्वर की गाथा गा कर पूजा करता

विमल ईश्वर को गाली देता।

अमल मंदिर में पूजा करता और ईश्वर को

उसने पा लिया है लोगों से कहता फिरता

पूजा की थाली भर भर कर वह प्रभु को भोग लगाता

फूल मालाएं अर्पित कर वह मंदिर में घंटे बजाता।

विमल खूब शराब पी कर एक मोटा खंभा लेता

और मूर्ति की छाती पर खंभे को जोर लगाके धँसाता

धुत्त शराबी विमल जी भर ईश्वर को गाली दे धमकाता

यदि ईश्वर हो तो पास आओ नहीं तो छाती फोड़ूँगा

अपने दम भर मैं तुझको कभी नहीं छोड़ूँगा।

एक दिन नारदजी आए, आकर उन्होंने विमल से कहा—

ईश्वर की छाती को भला तुम खंभे से क्यों फोड़ रहे हो

वे तो भगवन सभी के हैं उन्हें तुम क्यों तोड़ रहे हो?

विमल ने गुस्से से कहा –जा अपने नारायण से कह जाकर

आकर अपनी रक्षा करे अथवा अपनी छाती पर

खंभा गाड़ने में मेरी मदद करे

नारदजी बोले, तुम शराबी दिनरात प्रभु को गली देनेवाले

वे भला तेरे पास क्यों कर हैं आनेवाले,

ईश्वर तो अमल के पास आएंगे

जो रोज मंदिर में पूजा करता है, उसे ही अपनाएंगे।

तब नारदजी अमल के पास जा बोले,

अमल, प्रभु ने संदेशा भेजा है,

प्रभु को कुछ काम निबटा कर तेरे पास आना है।

दस हाथियों को सुई की छिद्र से पास करवाना है,

फिर आकर प्रभु को तुझे ही अपनाना है।

यह सुनते ही अमल क्रोध से भर कर बोला,

सुई की छिद्र से किसीने हाथी पास करते देखा है ?

झूठा नारद, कह कर चिमटा ले झपटा नारदजी पर

नारदजी दौड़ते दौड़ते पहुँच गए विमल के पास

नारदजी बड़े दुखी थे उनकी टूट चुकी थी आश

पर विमल ने जब संदेशा सुना, वह खुशियों से झूम उठा,

और आशा भरी नजरों से उसने तब

नारदजी को जी भर कर देखा।

जो ईश्वर सुई की छिद्रों से ब्रह्मांड पास करा सकता

उन्हें हाथियों को पास करने में क्या मुश्किल हो सकता

वह चिल्लाया प्रभु आएंगे, प्रभु आएंगे,

आकर मेरा हाथ पकड़ेंगे

अपने अद्भूत स्पर्श से वे

मुझ को भी परिवर्तित कर जाएंगे।

प्रभु के आने की बातें सुनते ही विमल

बस परमानन्द में डूब गया और

प्रभु का नाम लेते ही सारी गाली देना भी भूल गया।

और उधर अमल ने अपने तर्क ज्ञान से नारदजी को

झूठा कह पूजा करना भी छोड़ दिया।

20
पंडित और केवट

किसी पंडित को प्रवचन करने जाना था गंगा पार

एक नौका पर जा चढ़ा वह केवट पर जता अधिकार

केवट ने कहा, मैं बीस रुपये लुंगा

पंडित बोला, तुम अभागा प्रवचन क्या समझो, दूंगा।

फिर दोनों झटपट नौका पर हुए सवार

और मजे में पहुँच गए बीच गंगा की धार।

केवट अपने मधुर तान में लगा कुछ गुनगुनाने

तभी क्या तुमने पुराण पढ़ा है, पूछा पंडित ने।

नहीं मालिक मैं पुराण का क्या करूंगा, मैं तो हुँ मूर्ख गंवार

बाल बच्चे पालन की है मेरी बस यही नौका एक आश।

पंडित बोला तूने एक हिस्सा जीवन का ब्यर्थ जीया

थोड़ी देर के उपरांत पंडित ने फिर प्रश्न किया --

क्या तूने कभी वेद देखा है, केवट ने कहा, नहीं

इस काठ की लकड़ी को छोड़ मैंने कुछ नहीं देखा है।

पंडित बोला, तूने अपना दो हिस्सा जीवन ब्यर्थ गंवाया

पंडित ने पूछा, तब तो तुमने कभी शास्त्र भी नहीं सुना,

केवट खीझते हुए बोला पंडित जी, मैं पेट भरने हुँ निकला

इस नौका को चलाने के सिवा और कुछ भी मैं नहीं जनता।

पंडितजी ने ज्ञान बघारी, सुन केवट यह तन है अनुपम

तूने बेकार जीया अपना तीन हिस्सा जीवन।

थोड़ी देर दोनों चुप रहे, अचानक हवा तेज हो गई

आंधी बवंडर उठ खड़े हुए नौका हिलने डुलने लगी

और तभी नौका बीच नदी के बवंडर में उलट गई।

केवट ने तब पंडित से पूछा जोर से --

पंडित जी क्या आपको तैरना आता है ?

पंडित के ना कहने पर केवट बोला

तब आपका पूरा जीवन ब्यर्थ हुआ यहीं पर।

पंडित जी उसी बीच भंवर में

अपने ज्ञान को साथ लेकर डूब गए और--

केवट तैरते हुए नदी को पार कर गया।

21
पारसमणी

एक राजकुमार बड़ा घमंडी था

अपनी दौलत के नशे में मस्त रहता था

मित्रों के ऊपर अपनी दौलत का रौब जमाता था

खजाने के मणि को सदा अपनी जेब में रखता था।

एकदिन वह शिकार को निकला

घूमते घूमते रात हो गई।

उसे कुछ रास्ता नहीं मिल रहा था

तभी दूर एक रौशनी दीखी।

वह ढूँढ़ते हुए वहाँ तक पहुँचा

जीर्ण शीर्ण कुटिया में एक साधु मिला।

साधु राजकुमार को देख मुस्कुराया

प्रेम से उसका स्वागत कर हाल पूछा।

साधु बोला, आओ राजकुमार

मैं तेरी ही प्रतीक्षा कर रहा था।

सुनते ही राजकुमार को बड़ा आश्चर्य हुआ

साधु ने नदी दिखा कहा, मैं आपका क्या करुं सत्कार

हाथ पैर धो जल पी प्यास बुझाओ राजकुमार।

राजकुमार सोचने लगा, यह भला मुझे कैसे जानते है ?

फिर सोचा मैं तो राजा हुँ तभी पहचानते हैं।

तब साधु तपस्या में हो गया लीन और

राजकुमार ने घोड़े को जल पिला उसकी उतारी जीण।

खुद शीतल जल पी अपनी प्यास बुझा

पुनः कुटिया के अंदर दाखिल हो

साधु के सन्मुख जा बैठ गया।

उसी समय कुटिया में एक नर भक्षी बाघ गुर्राया

वह हड़बड़ा कर अपना भाला संभालने लगा

तभी पीछे से एक काला नाग फुँफकार उठा।

साधु ने बाघ को प्यार की एक थपकी दी

और प्यार से सहलाया नाग के फन को भी।

राजकुमार ने चकित हो पूछा,

क्या आपको नागों बाघों से डर नहीं लगता ?

नहीं प्रत्येक प्राणी प्राणियों के मित्र होते हैं

यदि मैं आक्रमण करूंगा, तभी वे हानि करते हैं।

ये बाघ मेरे पालतू हैं और नाग भी मुझे प्रिय हैं

हम यहाँ मिलजुल कर भगवत भाव से रहते हैं

बाघ चुपचाप बैठ गया नाग भी कोने में दुबक गया।

तभी वहाँ टोकरी भर फल प्रकट हुआ साधु बोला,

खा लो, राजकुमार ने सोचा घोड़े को भी कुछ फल देदूँ

यह सोच वह कुटिया से बाहर आया

देखा घोड़ा एक गट्टर घास पहले ही खा

अपना गर्दन हिला रहा था।

वह कुछ न समझते हुए कुटिया में आकर सो गया।

सुबह उठकर उसने सोचा --

किसी के उपकार के बदले उपकार करना चाहिए

किसी के अहसान से राजा को दबना नहीं चाहिए।

ऐसा सोच वह जेब से परसमणि निकाल बोला,

महाराज आपने रात में हमारे प्राणों की रक्षा की

नहीं तो मैं और घोड़ा भोजन होते जंगली पशुओं की।

सो प्रभु मैं आपको यह पारस मणि चाहता हुँ देना

इस पारसमणि से आप एक महल धन बनवा लेना

और इस दरिद्रता को त्याग सुख पूर्व जीवन जीना।

साधु बोला तो ठीक है, चलो नहाकर आते हैं

नहाने के उपरांत ही हम किसीसे दान लेते हैं।

दोनों नहाने लगे तभी वह मणि फिसल कर धारा में बह गया

आप बड़े मूर्ख हो, राजकुमार क्रोधित हो कर बोला,

हाथ में आए मणि को पानी में बहा दिया।

मैं क्या करुं, साधु बिना स्नान के दान नहीं लेते

धन मिले न मिले साधु धर्म कभी नहीं त्यागते।

राजकुमार और क्रोध से बोला,

पर मेरे वास्ते तो वह मणि सबसे कीमती था।

साधु बोला यदि तुम्हें चाहिए तो आओ ढूँढ़ते हैं

वह बोला, भला वह क्या अबतक यहीं रक्खा है

वह तो नदी की धारा के साथ बह गया होगा।

साधु बोला, तुम्हें यदि चाहिए तो ढूँढना ही पड़ेगा

ऐसा कह साधु ने अपनी अंजली धारा में डाली

देखते ही देखते वैसा ही अंजली भर मणि

साधु ने धारा से बाहर निकाल दी।

यह देख राजकुमार रह गया अवाक

फिर सब कुछ समझते हुए सारे मणि को

उसने बहते पानी की धारा में दिया उछाल।

साधु ने हड़बड़ा कर पूछा, --

राजकुमार आपने यह क्या किया ?

राजकुमार ने अश्रुपूर्ण नेत्रों से देख कर कहा –

इस पत्थर का क्या करना
मैंने तो देहधारी पारसमणि को पा लिया।
पुनः वह साधु के चरणों पर
सारा अभिमान त्याग गिर पड़ा।

22
नारायण स्तुति

मुखारविंद पर कमल नेत्र कटि पीताम्बर शोभितम्

कानन कुंडल मुकुट मस्तक भक्तन हितकारकम्

पीत वस्त्र शंख चक्र गदा पद्म शोभित हस्तकम्

करत लीला मनुज रूप धरी प्राणमामी नारायणम् ॥1॥

गरुड़ वाहन, निश्छल, अचर, अमर तुम ही पुरुषोत्तमम्

वैयजन्ती के माल उर धारित हे अडोल अपरापरम्

हे दीनानाथ दयालु स्वामी कंस रावण संहारकम्

वामन रूप धरि बलि छलैय्या नारायण सुख दायकम् ॥2॥

कौशल्या के राम यशोदा लाल कृष्ण केशव माधवम्

तुम रघुनन्दन रघुवीर राम तुम ही रावणारि राघवम्

ग्राह्य संग लड़त गज की लाज राख्यो हे करुणामयम्

द्रौपदी की लाज बचायो दीनानाथ दयालु हितकारकं ॥3॥

हे भक्तवत्सल पूरनकाम प्रभुवर ब्रह्मा शंकर सेवितं

हे कृष्ण वासुदेव गोविंद गोपीपति मदन माधव केशवं

श्री राम रघुवर नाम तेरो तू ही जानकी पति राघवम्

जन्म मथुरा कियो बाल चरित गोकुल लीलाधर नागरम् ॥४॥

कालिंदी तट कियो अद्भुत क्रीडा धन्य धन्य गोकुल भुवनम्

साधु ऋषि मुनि सुखी भयो पंचवटी सुखी लक्ष्मणम्

वंशीधर वासुदेव कहायो वराह रूप पृथ्वी उद्धारणम्

भक्त प्रह्लाद पर दया कियो तुम नृसिंह रूपकारणम् ॥५॥

जगन्नाथ जगदीश्वर तुम ही बद्रिनाथ तू विश्वंभरम्

अयोध्या के राघव नंदन गोकुल गोविंद सचराचरम्

काशी कहायो विश्वनाथ तुम कान्हा शोभे बृंदावणम्

मेरे तो तुम हृदय विराजो प्रणमामी प्रभु प्रणाम्यहम् ॥६॥

हरी ॐ तत्सत

23

हरी चालीसा

श्लोक-- धनुष वाण वंशी धारित हरी, जलद नील घनश्याम

अरुण अधर लोहित झलके, जनु बिम्ब फल अभिराम

चौपाई-

पुर्ण मुखारविंद सुखराशि। पीताम्बर सज्जित शुभ्र गात

जय मन मोहक मदन छवि। श्री राघव माधव महराज ॥

दशरथ पुत्र सकल जग वंदन। नंद यशोदा के तुम ही नंदन

सकल जगत के तू दृग तारे। भक्तन के चित्तचोर दुलारे ॥

जय नागर घटघट के समैया। धेनु चरैइया कृष्ण कन्हैया

आओ दीनन के कष्ट उबारो। हे रघुनन्दन सब दुख टारो ॥

आओ हरी तुम माखन खाओ। सकल गोपियों को रिझाओ

मोर मुकुट वैजन्ती माला। सुंदर चिबुक नयन विशाला ॥

कुंडल श्रवण पीताम्बर शोभे। नील जलज तन, मन मोहे

मस्तक तिलक घुँघराले बाल। माताएं लख होतीं निहाल ॥

आओ कृष्ण ले बाँसुरी हाथ। पयपान करा पूतना बेहाल

कागा बकासुर सबको मारा,। शीतल किया मधुवन ज्वाला ॥

सुरपति इन्द्र जब हो क्रोधित। वरसाया ब्रज पर मूसल धार

तब तुमने अपनी कनिष्ठा पर। उठा लिया गोवर्धन पहाड़ ॥

दुष्ट कंस ने ऊधम मचाया। नाना असुरों को दूत बनाया

सभी को नष्ट करके तूने प्रभु। असुर योनि से मुक्त किया ॥

कालिया नाथ सर पग-चिन्ह दे। उसको भी निर्भय कर दिया

गोपियों के संग रचा महा रास। उनकी आशा को पुर्ण किया ॥

दीन सुदामा के तुम दुख हारी। भक्तन के सदा सुख कारी

खर दूषण के वध कर स्वामी। तुम प्रसिद्ध हुए जगत खरारी ॥

द्रौपदी की चीर बढ़ाई और। पाषाण को अहिल्या नारी बनाई

विदुर के घर साग ग्रहण कर। शबरी घर जूठे बेर खाई ॥

रघुवीर रूप दीनन हितकारी। कुंभकर्ण रावण को मुक्ति दे दी

श्याम नाम मीरा विष पी गई। वन में भेज कैकेयी भी दुखी हुई ॥

विविध माया से सबको नचाया। प्रभु, डर संशय सबका मिटाया

दीनन पुकार सुन दौड़े आते। यशोदा, कौशल्या नंदन कहलाते ॥

दया दृष्टि हे हरी तुम कीजै। भक्तन भव भीर सभी हर लीजै

मम कुमति हे नाथ निवारो। मेरे सकल अपराध क्षमा करो ॥

दर्शन दे नयन पट खोलो। राघव माधव की जय बोलो

राम कृष्ण को जो उर राखे। चारो पदारथ अपने कर पावै ॥

24

रामम् स्तुति

प्रभु जब आसन पर बैठे उनकी शोभा लगी बिखरने
मुनि अत्री दोनों हाथ जोड़ प्रभु की स्तुति लगे करने ॥
हे भक्त वत्सल तुझे प्रणाम हे कृपालु शील हे निष्काम
तेरे चरण कमल वंदन करता हुँ देने वाला जो परमधाम ॥
हे जगत समुद्र के मंदराचल तू है नितांत श्याम सुंदर
प्रफुल्लित कमल समान नेत्र कमादि दोष खंडक भंजक ॥
हे प्रभु आप अजानबाहु, पराक्रम, ऐश्वर्य सदा तेरा अप्रमेय
करते तरकस बाण धनुष धारण जो तीनों लोकों में अजेय ॥
हे सूर्य वंश के आभूषण तू ही शंकर धनुष खंडन कारण
हे देव मुनियों के आनंदस्वरूप किया राक्षस समूह खंडन ॥
हे काम देव रिपु शंकर द्वारा वंदित ब्रह्मादि देवता सेवित
हे विशुद्ध ज्ञानमय विग्रह तुम समस्त दोषों के नाशक ॥
हे लक्ष्मी पति इंदिरा पति तू ही सत्पुरुषों में एक गति
तू शचीपति के अनुज वामन तू ही है प्रिय भ्राता लक्ष्मण ॥
जो मनुज ईर्ष्या रहित होकर तेरे शरणागत होते
वे संसार तरंग में नहीं गिरते जग चक्कर में नहीं पड़ते ॥
जो अद्वितीय इच्छा रहित अद्भूत ब्यापक सर्व समर्थ
शाश्वत तीनों गुणों से परे वह केवल आप ही हो सर्वज्ञ ॥
जो भाव प्रिय दुर्लभ कल्पबृक्ष हे प्रभु तुझे है नमन मेरा
मुझ पर प्रसन्न हो भक्ति दें रहे चरणों की आश सदा ॥
प्रभु तेरे चरण कमलों में प्रणाम, हे मर्यादा पुरुषोत्तम राम

मैं जन्म जन्म किंकर हूँ तेरा प्रभु मुझको दें यही वरदान ॥

जो यह स्तुति आदर पूर्वक पढ़ेंगे वे भव सागर पार करेंगे

एक राम नाम भज कर प्राणी यम के दावानल को जीतेंगे ॥

प्रभु के चरणों में प्रणाम कर मुनि ने शीश झुकाया बारंबार

आपके चरण कमल कभी न छोड़ूँ नयन बह रहे अश्रु धार ॥

हरे राम, सीता राम

25

आन बसो मेरे मन में

भजन

आन बसो इस मन में प्रभु जी आन बसों इस मन में

आन बसो मेरे मन में प्रभुजी आन बसो मेरे मन में

आन बसों इस मन में प्रभुजी आन बसो अब मन में

आन बसों अब मेरे मन में प्रभुजी आन बसों मेरे मन में।

ईंट ईंट का महल बनाया, उसमें सोने का दीप जलाया

भटक रहा फिर भी तम में प्रभुजी भटक रहा हुँ तम में

आन बसों इस मन में प्रभु जी आन बसों इस मन में

आन बसों मेरे मन में प्रभु जी आन बसों मेरे मन में।

मातु पिता और सारे सहचर, दारा सुत और भाई सहोदर

कोई न जाए संग में प्रभु जी कोई न जाए संग में

आन बसों इस मन में प्रभुजी, आन बसों मेरे मन में

आन बसों मेरे मन में प्रभुजी आन बसो मेरे मन में।

पुत्र रतन का मोह बड़ा है, धन दौलत सब यूं ही पड़ा है

सुंदर महल वीरान हो रहा, कोमल तन को रोगों ने ग्रस लिया

कहाँ मैं जाउँ क्षण में प्रभुजी आन बसों इस मन में

आन बसों मेरे मन में प्रभुजी आन बसों मेरे मन में।

स्वर्ण का महल हुआ मिट्टी का मटका

सब जग छोड़ा वन वन भटका, कुछ न बचा जीवन में

प्रभूजी आन बसों इस मन में

आन बसों मेरे मन में प्रभुजी आन बसों मेरे मन में

आन बसों मेरे मन में प्रभुजी आन बसों मेरे मन में।

छाले पड़ गए कांटे चुभ गए, पाप की गठरी सिर पर आ गये

थक कर रोया वन में प्रभूजी आन बसों मेरे मन में

प्रभुजी आन बसों इस मन में प्रभुजी आन बसों मेरे मन में

आन बसों मेरे मन में हे प्रभुजी आन बसों इस मन में।

त्राहिमाम् प्रभु त्राहिमाम् प्रभु, त्राहिमाम् प्रभु त्राहिमाम् प्रभु

रटता रहा निर्जन में हे प्रभुजी आया हुँ तेरी शरण में

रखले तू मुझको शरण में प्रभुजी जगह दे अपने चरण में

रख तू मुझको शरण में प्रभुजी जगह दे तू अपने चरण में

प्रभुजी आन बसों इस मन में प्रभुजी आन बसों मेरे मन में।

हरी ॐ

26
हे नारायण

गजाननं भूतगणाधि सेवितं, कपित्थ जम्बूफल चारु भक्षणम्
उमासुतं शोक विनाशकारक नमामि विघ्नेश्वरपाद पंकजं ॥

भजन करो श्री नारायण जी की

शोक मोह दंभ नष्ट कारण की ॥

कभी वराह कभी कच्छप तन धारी

कभी वामन परशुराम सुख कारी ॥

सुर मुनि रक्षक दैत्य विभंजन

अनुगत भक्तन के उर चंदन ॥

निर्गुण सगुण रूप तुम अवतरण

सकल लोक वंदित विविध रूपम् ॥

ब्रह्मादि मुनि नारद सकल विशारद

शरणागत व्रत धारी वत्सल ॥

तुम मर्यादा पुरोषोत्तम राम

तुम ही माधव तुम ही घनश्याम ॥

अखिल लोक पालक त्रिलोक पति

सचराचर के तुम ही एक गति ॥

भक्त कल्पतरु असुरन के अरि

नाम लेत जगत पावन कारी ॥

वानर सखा गोपीयन दुख हर्ता

प्रह्लादन को नृसिंह रूप दिखलाता ॥

निर्गुण सगुण अरूप रूपनिधि

सकल लोक वंदित नाना विधि ॥

मम हृदय चतुर्भुज रूप धारित हरी

काटो भव- वंधन के चारों हथकड़ी ॥

ॐ नारायणम्॥

राजन्संस्मृत्य संस्मृत्य संवादमिमं मद्भुतम्।
केशवार्जुनयोः पुण्यं हृष्यामि च मुहुर्मुहुः ॥

तच्च संस्मृत्य संसमृत्य रूपमत्यद्भुतम हरे
विस्मयो मे महान् राजन्हृष्यामि च पुनः पुनः ॥

यत्र योगेश्वरः कृष्णो यत्र पार्थो धनुर्धरः।
तत्र श्रीर्विजयो भूतिर्ध्रुवा नीतिर्मतिर्मम ॥

MITHILA ARTWORK DESCRIPTION

Mithila art (also Madhubani art) is a style of painting practiced in the Mithila region of India and Nepal.

Its named after its region of origin. The exact time of origin is not known, but the earliest mentions of this Artform is found in Ramayana, when for Ram and Sita's marriage King Janak requested all citizens to decorate all walls of houses and city.

This is the reason, why we chose to represent the verses with this Artform. We have used the Bharni style of the artwork. For the sake of the book, we have taken creative liberty with the use of many colors including gold which is not traditionally used.

Traditionally, artists create these paintings on walls using fingers twigs etc, using natural colors made from plants, vegetables, flowers etc.The paintings are characerised by their eye-catching geometrical patterns. There is ritual content for particular occasions, such as birth or marriage, and festivals, such as Holi, Surya Shasti, Kali Puja, Upanayana, and Durga Puja. All Mithila artwork and cover-page used in this book are created by Dr. Sonal Mantri (h.c.) (popularly known as Artist Sohnal V Saxena)